初中数学
核心概念的学习进阶
评价与教学

■ 罗佳骏 著

上海社会科学院出版社
SHANGHAI ACADEMY OF SOCIAL SCIENCES PRESS

序 一

  初次认识罗老师是在2012年,他那时由上海市宝山区推荐,作为初中数学教师代表参加上海市中青年教师教学评比活动。那时,虽未最终获得一等奖,但作为一名年轻的数学教师,他基本功扎实,教风朴实,表现出了不错的潜力。后来,他果然在挑战更大的上海市青教赛中脱颖而出,荣获中学数学组特等奖,也由此获得了参加全国赛的资格,并最终拿下了全国一等奖,为上海的基础教育,尤其是为全市初中数学教师争了光。

  青年教师的成长,不能止于课堂上的外在表现,更要修炼内功。于是,我建议他尽快把荣誉放下,继续加强教学研究,提升自身专业素养,并鼓励他重点关注数学的育人价值、教学评价等方面,为提升广大普通初中学生的数学学业质量,让更多孩子理解数学、喜欢数学而去积累真正有价值的经验与成果。罗老师随后申报并成功立项了市级课题"建构MathQuery评价体系,促进初中数学核心概念学习进阶的研究",开始了向研究型教师迈进的第一步。在研究课题的驱动下,他经过三年的潜心研究与实践探索,最终形成了这本以成果报告为主体的专著《初中数学核心概念的学习进阶:评价与教学》。

  看得出,本书在基础理论研究和文献研究方面是较为扎实的。对于一名初中数学教师而言,这需要付出较长时间的学习和思考。书中对于数学核心概念的界定、学习进阶理论的借鉴和数学概念的教学建议等方面进行了细致的分析和阐述。本书既有扎实的理论研究,又兼顾了一线教学实践,具有较强的可操作性,是一本值得广大初中数学教师学习和参考的图书。

  本书的亮点之一是罗老师及其研究团队开展的基于实证的调查分析，通过系统的数据分析方法，从定性和定量两个角度对学生核心概念的理解进程和思维路径进行了描述，为研究的规范性和结论的严谨性提供了支持。这种基于数据的分析方法，也为广大有志于通过实证分析方法来研究课堂教学的教师提供了有益的借鉴和指导。

  本书是罗老师的第一部研究专著，能受邀为本书写序，我深感荣幸。相信本书能成为中学数学教育工作者、研究者的得力助手，为推动义务教育数学课改、提高初中学生数学素养做出独特的贡献。当然，写这些文字也并不是要为罗老师背书，而是想和广大读者一起，见证作者的专业成长。希望罗老师和他的团队把这次教育科研的经历作为今后不断深化研究的宝贵经验，继续为广大初中数学教师提供有价值的科研成果。

刘　达
2024 年 4 月 18 日

序　　二

承蒙上海市宝山区庙行实验学校罗佳骏校长的厚爱与信任，收到为其新作《初中数学核心概念的学习进阶：评价与教学》撰写序言，心中满溢荣幸之感，同时也伴随着些许惶恐。然而，面对罗校长对初中数学教育事业那份炽热的挚爱与执着追求，这份惶恐很快被敬佩与感动所取代，我欣然接受了这一承载着信任与期待的重任。虽然他是一校之长，但我更愿意以"罗老师"这一亲切的称呼，来表达我对他教育初心与专业精神的由衷敬重。

在数学教育的广阔天地中，探索初中数学核心概念的学习进阶是一项兼具理论深度与实践价值的重要课题。罗老师的这部著作，不仅是其主持的上海市教育科学规划课题的研究结晶，更是一部聚焦初中数学核心概念教学实践与评价策略的力作。罗老师以严谨的学术态度、开阔的教育视野和深厚的专业底蕴，为我们勾勒出一幅初中数学核心概念教学的全景图，揭示了其内在逻辑、教学策略与评价机制，为教师们提供了极具启示意义的指导蓝图，也为数学教育研究贡献了一份宝贵的智慧结晶。

一、理论根基的深厚挖掘

罗老师以坚实的理论基础为依托，对数学核心概念的内涵进行解析，强调其作为知识体系中联结点与生长点的双重特性，是数学思维发展的关键载体。本书通过对国内外研究进展的梳理，展现出数学核心概念在学科框架构建、课堂实践应用以及知识迁移价值等方面的共识与差异，凸显其在不同教育背景下所展现的普遍性和独特性。书中尤为关注核心概念的系统性、基础性和关联性，倡导教师在教学中遵循整体性原则，引导学生在概念网络中寻迹探源、融会贯通，从而实现知识的深度理解与结构化构建。

二、教学实践的精辟洞察

罗老师敏锐捕捉到当前教学实践中存在的问题，如核心概念教学的浅表化、学生参与度的局限性以及知识迁移能力的欠缺。针对这些问题，他提出了富有创新性的教学策略：情境化设计与结构化整合。前者倡导将数学知识与现实生活情境深度融合，激发学生的学习兴趣，使他们认识到数学的实用性与魅力，进而提升数学语言能力与问题解决能力。后者则强调通过逻辑思维的训练，帮助学生对零散的知识点进行整理、分类与拓展，形成有序的知识结构，培养他们的系统性思维与自主学习能力。这些策略不仅遵循了学生的认知规律，还充分体现了数学教育的人文关怀与实践导向。

三、评价体系的科学构建

评价作为教学的重要组成部分，对核心概念学习进阶的推进起着关键作用。罗老师剖析了测验理论在评价体系中的应用，强调其在揭示学生能力结构、诊断学习问题、指导教学改进等方面的强大功能。他倡导建立以核心概念为靶向的评价机制，注重对知识整合、思维过程及应用能力的综合考量，以实现评价对教学的精准导向与有效反馈。同时，罗老师提醒我们，评价不应孤立于教学之外，而应紧密嵌入教学过程中，成为促进学生认知发展、提升数学素养的有力工具。

四、教师角色的重新定位

在罗老师的论述中，教师不仅是知识的传授者，更是学生认知进阶的引领者与支持者。他呼吁教师深入理解数学核心概念，提升自身的学科教学知识，以便更有效地指导学生跨越认知鸿沟，实现从具象到抽象、从局部到

序 二

整体的认知飞跃。他倡导教师在教学设计中充分考虑学生现有知识基础与认知发展阶段，精心搭建适宜的学习支架，通过多样化的教学策略激发学生主动学习与深度参与，以实现核心概念的真正内化。

总之，罗老师的这部著作，以其深厚的学术底蕴、鲜活的教学案例和前瞻的教学理念，为数学教育工作者提供了关于初中数学核心概念学习进阶的系统性认知与实践指导。它不仅深化了我们对数学教育本质的理解，还为我们指明了提升教学质量、培养未来公民数学素养的有效路径。相信每一位读者，无论是教育理论研究者，还是一线数学教师，都能从中汲取宝贵营养，为构建更加科学、高效、人性化的数学教育环境贡献力量。我们期待这部著作能引领更多的数学教师深入探索数学教育的内在规律，共同推动我国数学教育迈向更高水平。

胡 军

2024 年 4 月 22 日

序　三

我与罗佳骏老师相识是在他的市级课题开题会上,当时他的课题就是关于数学学习进阶的研究。经过一段时间的研究与实践,现在终于结出成果,他的专著《初中数学核心概念的学习进阶:评价与教学》即将出版。罗老师邀请我为他的专著写个序,这是给我一个很好的学习机会,我欣然接受。

我认真阅读了书稿,感到该书有几个显著的特点。

首先是它的时代性。在当前知识爆炸的时代,掌握核心概念不仅是学习的基石,更是深入理解复杂现象、推动创新思维的关键。《初中数学核心概念的学习进阶:评价与教学》一书的编写,旨在帮助读者不是停留在对基本概念的记忆与理解,而是通过对数学核心概念的进阶学习,达到深化数学概念的理解,在进阶学习的过程中不断地发展学生的高阶思维能力。说它符合时代性,主要体现在以下两个方面。一是作者既提倡相关概念的多维度理解,又强调了核心概念学习进阶关键要将学生的已有基础作为进阶起点,根据学生思维发展状况分设不同的进阶水平,从而促进学生思维发展,实现教学目标。这种以生为本的教育理念与新时代教育要求是非常吻合的。二是作者强调了数学学习的"生活性"原则,就是在教学中注重创设生活化情境,使数学概念在生活场景中得到应用等,以此唤起学生已有的生活经验,让概念学习变得生动而不枯燥。这种将概念教学与学生的生活经验相联系的理念同样符合当前教育改革的方向。

其次是它的完整性。本书对于"数学核心概念""学习进阶"等概念做了较为系统的阐述,可贵之处在于作者没有简单地对这些概念下操作性定义,而是引用了多个理论流派的观点,从多个维度对"数学核心概念"进行了描述,更好地适应了不同思维特点、学科基础的读者群的阅读。对于"学习进阶"也是从概念理解、推理方式、策略性序列的进阶等多个维度进行阐述,最后将"学习进阶"主要定位到学生思维能力的进阶,体现了以学生发展为本的思想。本书对数学核心概念学习进阶的评价进行了较为充分的论述,给出了评价框架,也进行了一些教学内容的评价量表设计,对于有效开展教学评价给出了路径与方法,有利于实现"教—学—评"的一致性。本书也列举了大量的数学核心概念教学案例,帮助读者在教学实践中参考运用。所以,这本书既有理论指导、实践操作路径,又有教学评价方式,对于数学核心概念学习进阶的论述全面充分,结构清晰,逻辑性强。

最后是它的实践性。本书较为详细地论述了当前数学核心概念教学中存在的"教"与"学"两方面的问题,为教学改进厘清了逻辑起点。书中为多个教学内容的学习进阶提供了测量工具,并对测量分析和结果运用进行了相关论述。为了更好地做到理论联系实际,本书提供了一系列关于核心概念进阶教学的案例。这些案例覆盖了数学教学的多个领域,展示了如何在具体的教学环境中运用进阶学习的策略。每个案例都详细说明了教学目标、使用的教学方法、学生的参与过程以及评估学生学习成果的方式。通过这些案例,教师和学习者可以获得灵感,了解如何在自己的教学中开展好数学核心概念的进阶教学。所以,本书对于当前开展数学概念学习进阶的教学具有示范性、辐射性,因而在实际教学中具有很强的实践性。

综上所述,《初中数学核心概念的学习进阶:评价与教学》是一本全面、深入论述数学核心概念学习进阶的图书,它不仅为读者提供了理解和深化数学核心概念学习进阶的框架,还通过评价测量和案例分享,指导读者在实际中有效地应用相关的教学策略与方法。无论是教育工作者还是学习者,本书都将是开展深度学习、提升思维能力不可或缺的指南。

吴卫国
2024 年 4 月 15 日

目录 CONTENTS

序 一 ·· 刘 达 1
序 二 ·· 胡 军 3
序 三 ·· 吴卫国 6

第一部分　初中数学核心概念学习进阶的研究基础

绪　论 ··· 3

第一章　初中数学核心概念学习进阶的理论基础 ················· 9
　第一节　数学核心概念的内涵解析与研究进展 ················· 9
　　一、数学核心概念的内涵解析 ······························· 9
　　二、数学核心概念的研究进展 ······························ 11
　第二节　数学学习进阶的内涵解析与研究进展 ················ 15
　　一、数学学习进阶的内涵解析 ······························ 15
　　二、数学学习进阶的研究进展 ······························ 17

第二章　初中数学核心概念"教"与"学"的现实问题 ············ 25
　第一节　教学设计：缺乏对核心概念的系统梳理与学情分析 ········ 25
　　一、数学核心概念的系统梳理 ······························ 25

二、数学核心概念的学情分析·················· 27

第二节　教学过程:忽视了数学核心概念生成过程与高阶思维
　　　　发展··· 30
　　一、数学核心概念的生成过程·················· 30
　　二、数学核心概念的高阶思维·················· 35

第三节　学习评价:缺乏对数学核心概念的学习路径复盘与总结··· 38
　　一、数学核心概念的学习路径·················· 38
　　二、数学核心概念的认知升华·················· 43

第二部分　初中数学核心概念学习进阶的评价框架

第三章　初中数学核心概念学习进阶的解构与建构············ 51

第一节　初中数学核心概念学习进阶的解构············· 51
　　一、"图形的变化"核心概念的解构············ 51
　　二、"函数"核心概念的解构·················· 55
　　三、"概率"核心概念的解构·················· 58

第二节　初中数学核心概念学习进阶的模型建构········· 60
　　一、"图形的变化"结构图及水平描述·········· 60
　　二、"函数"结构图及水平描述················ 62
　　三、"概率"结构图及水平描述················ 64

第四章　初中数学核心概念学习进阶的测量工具开发与测评······ 66

第一节　初中数学核心概念学习进阶的测量工具········· 66
　　一、"图形的变化"学习进阶测量工具的编制···· 66
　　二、"函数"学习进阶测量工具的编制·········· 67
　　三、"概率"学习进阶测量工具的编制·········· 68

第二节　初中数学核心概念学习进阶的测评分析········· 69

一、研究目的与研究方法 ·················· 69
　　　二、样本整体数据分析 ···················· 69
　　　三、学生测评表现分析 ···················· 76
　第三节　初中数学核心概念学习进阶的测评结果 ·········· 84
　　　一、初中数学核心概念学习进阶假设与测量工具较合理 ···· 84
　　　二、不同学生处于不同的学习进阶水平 ············ 84
　　　三、研究启示与教学建议 ···················· 85

第三部分　初中数学核心概念学习进阶的教学设计案例

第五章　"相似三角形"教学设计案例 ················ 89
　第一节　"相似三角形"单元教学设计 ················ 89
　　　一、单元规划 ·························· 89
　　　二、单元教学内容解析 ···················· 93
　　　三、单元学情与学法指导 ·················· 96
　　　四、单元教学目标设定 ···················· 97
　　　五、单元学习评价设计 ···················· 98
　第二节　"相似三角形"课时教学设计 ················ 101
　　　相似形 ····························· 101
　　　相似三角形的判定(1) ···················· 107
　　　漫谈"出入相补原理" ···················· 115

第六章　"二次函数"教学设计案例 ·················· 121
　第一节　"二次函数"单元教学设计 ·················· 121
　　　一、单元规划 ·························· 121
　　　二、单元教学内容解析 ···················· 125
　　　三、单元学情与学法指导 ·················· 130

3

四、单元教学目标设定 ………………………………………… 131
　　五、单元学习评价设计 ………………………………………… 132
第二节 "二次函数"课时教学设计 ……………………………… 132
　　二次函数单元起始课 …………………………………………… 132
　　二次函数 $y=ax^2+bx+c$ 的图像(1) ……………………… 136
　　利用函数的图像研究函数 ……………………………………… 141

第七章 "概率初步"教学设计案例 ………………………………… 146
第一节 "概率初步"单元教学设计 …………………………… 146
　　一、单元规划 …………………………………………………… 146
　　二、单元教学内容解析 ………………………………………… 149
　　三、单元学情与学法指导 ……………………………………… 153
　　四、单元教学目标设定 ………………………………………… 154
　　五、单元学习评价设计 ………………………………………… 155
第二节 "概率初步"课时教学设计 …………………………… 155
　　确定事件和随机事件 …………………………………………… 155
　　事件的概率(1) ………………………………………………… 161
　　杨辉三角与路径问题 …………………………………………… 167

主要参考文献 ……………………………………………………… 173

附　　录

附录1 初中数学概念教学现状调查问卷(教师卷) …………… 181

附录2 初中数学概念教学现状调查问卷(学生卷) …………… 183

后　记 ……………………………………………………………… 186

第一部分

初中数学核心概念学习进阶的研究基础

绪 论

在初中数学核心概念的教学中，教师应树立一个全面的教学理念，并在教学实践中充分体现这一理念。为此，教师需在教学过程中加强对数学理论的深入分析与详细讲解。通常来说，数学知识起源于人类现实需求，并能解决与数字相关的实际问题。因此，在教学过程中，教师应理解数学教育的深层含义，努力将生活化的数学素材融入教学中，以帮助学生更好地融入数学学习环境，并有效解决现实生活中的问题。根据新课程标准，教师应特别关注数学概念中的"核心概念"，并关注抽象数学概念的形成过程及其实际应用背景。教师应将核心概念贯穿于整个初中数学教学过程，这反映了核心概念教学的重要性。

为了提高学生对数学整体性的认识，教师可采用知识联想、类比、迁移和应用等方法，识别并强调数学中的关键内容。通过这种方式，教师可以帮助学生感受到数学知识的连贯性，理解不同知识点之间的内在联系，并增强解决具体问题的能力。在概念体系中，核心概念的教育价值尤为重要，它为新课程教学提供了重要的指导思想。以函数为例，它是初中数学教学中的一个核心概念。在北师大版初中数学教材中，函数概念的子概念包括一次函数、反比例函数、二次函数和锐角三角函数。此外，许多立体几何问题和最值问题都可以转化为函数问题进行研究。初中阶段的函数概念教学为学生在后续学习映射条件下的函数概念奠定了基础。因此，初中数学中的核心概念是连接知识体系、促进知识整合的关键要素，对这些概念的深入学习是培养学生数学思维能力的重要途径。

在数学教育领域,教师需通过构建贴近实际生活的教学场景,科学地引导学生思考和提问,以解决数学问题。此外,教师应鼓励学生掌握数学方法,体验数学思维的全过程,通过实践活动深化对数学概念的理解,并从教学内容中获得情感上的认同。教师应将数学教学内容与日常生活紧密结合,探索有效的教学策略,以此提高学生对数学学科的兴趣,并培养学生处理数学信息的能力。在这一过程中,教师需重视学生对基础理论的理解,满足学生的全面发展需求,强调生活化教学的重要性,以培养学生的观察力、批判性思维、归纳力和创新力。

总体而言,核心概念的掌握是构建知识体系和实现知识深度理解的关键。学生需要将新旧知识相联系,将新信息融入一个有组织、综合的知识体系中。核心概念间的相互联系有助于构建一个整合性的知识结构,这对于学生的认知发展至关重要,是遵循知识体系建构、实现知识范式理解的"钥匙"。[1]希恩(Shin)等人认为一个有条理的知识结构有助于学生更轻松地掌握和运用概念。[2]基于此观点,教学策略应当着重提高学生整合信息、形成核心概念的能力,使其能够有效地选择与核心概念相关联的知识来解决具体问题。[3]科学素养的培养旨在使学生能够对现实世界的现象进行解释和预测,这需要通过恰当选择和应用相关概念来实现。解释自然现象需要多角度的分析方法。然而,当前我国课程体系的评价机制更多地强调了陈述性知识,而对程序性知识的重视不足。为了实现科学教育的国际化,新一轮的课程改革需要关注课程的内在逻辑和核心概念,以促进学生建立深层次的理解。

在评价体系的构建方面,它为数学核心概念的学习成果提供了科学的

---

[1] Linn M C, Eylon B S, Davis E A. The knowledge integration perspective on learning[M]. Mahwah, NJ: Lawrence Erlbaum Associates, 2004:29-46.

[2] Shin N, Jonassen D H, McGee S. Predictors of well-structured and ill-structured problem solving in an astronomy simulation[J]. Journal of Research in Science Teaching, 2003(1):6-33.

[3] 温·哈伦.以大概念理念进行科学教育[M].韦钰,译.北京:科学普及出版社,2016:1-58.

评估方法。格利克森(Gulliksen)提出,测验理论主要探讨测验分数与所测量属性之间的关系,即测验分数对属性的解释力度。[1]测验理论的实施通常分为两个阶段:首先是测验的设计、开发和实施;其次是对测验结果的统计分析和评价。[2]在以往的研究中提到,标准化测验理论是由经典测量理论(Classical Test Theory,CTT)、概化理论(Generalizability Theory,GT)和项目反应理论(Item Response Theory,IRT)构成的。三者构成的理论体系目标,旨在评估学生的总体能力水平,主要方式是通过考试总分来测量学生的能力,由此可以称之为"能力水平研究范式"。而这种理论的局限性在于,无法通过考试来测量学生心理"加工"的过程。换言之,如果两个学生的成绩相同,那么从结果来看是无法了解他们具体的认知结构信息的,看不到他们心理变化的过程,就无法进行有效分类。

自20世纪开始,随着教育评估的进步,心理测量学和认知心理学不再仅仅关注学生的总体或者说宏观能力水平,而是对测量学生心理内部的认知结构产生了兴趣。从外显到内化的背景下,新一代测验理论应运而生,旨在揭示学生内部的知识结构和认知过程,因此被称为"认知水平研究范式"。[3]可以说,从总体上来看,对认知诊断的评价是对学生认知活动、处理问题技能和知识体系建构进行分类评估的过程。[4]这种系统评价方法主要具备三个特点:首先,它能够对某一知识领域内的关键知识和技能进行精确测量,这些知识和技能构成了学生继续学习的基石;其次,它能够评估学生的知识结构,这不仅包括学生对知识和技能的掌握程度,还包括学生对这些知识和技能进行心理处理的机制;最后,它能够量化学生的认知过程,

---

[1] Gulliksen H. Measurement of learning and mental abilities[J]. Psychometrika, 1961, 26(1): 93-107.

[2][4] 涂冬波,蔡艳,丁树良.认知诊断理论、方法与应用[M].北京:北京师范大学出版社,2012.

[3] Frederiksen N, Mislevy R J, Bejar I I. Test theory for a new generation of tests[M]. Hillsdale, NJ: Lawrence Erlbaum Associates, 1993.

即通过诊断测试来分析学生当前的认知状态和认知发展潜力。[①]总而言之，在认知诊断的理论框架下，认知诊断模型被认为是一种心理测量学模型，它能够将认知变量纳入考量，并对个体的属性掌握模式进行估算。这种模型能够实现对个体在微观层面的认知状态的测量和评价，进而提供更为详尽的认知诊断数据。[②]在对认知诊断的目的和认知诊断模型的特点进行深入分析和思考之后，认知诊断模型被认为是能够测量出学生的知识结构和认知水平，进而衍生成为测量学生认知发展规律的主要模式。因此将其作为定量分析方法，对学生认知结构做出深度评估，在学生的学习进阶构建层面提供有力支持。

2017年教育部印发了《义务教育小学科学课程标准》，意味着我国不断完善对初中阶段科学课程标准的修订工作，在国家层面体现出对科学课程学科知识的序列性和层次性的重视；落实学生核心素养的重大战略逐步体现在有关核心概念、学生学习方式等方面的转变上。不仅如此，在2021年3月教育部等六部门联合印发了《义务教育质量评价指南》，旨在积极有效地推进义务教育评价改革进程，破解当下的教育评价困境，不断强调义务教育基础性作用，力图平衡学生成长规律和教育规律的错位现象，对义务教育阶段的教学过程实现有效监测、科学把控，也是坚定社会主义办学方向、坚持育人为本战略的核心要义。在多轮课程改革的经验积淀中，已经逐步意识到科学课程是课程改革的关键或者是核心部分。课程中所建构的知识体系承载着国家的期望和发展社会的责任意识。[③]一个严谨的科学评价系统对于确保课程标准的有效实施以及评估学生在认知发展和阶段成长上具有关键作用。

[①] Leighton J P, Gierl M J. Cognitive diagnostic assessment for education: theory and applications[M]. Cambridge: Cambridge University Press, 2007.
[②] 涂冬波,蔡艳,丁树良.认知诊断理论、方法与应用[M].北京:北京师范大学出版社,2012.
[③] 郑长龙.2017年版普通高中化学课程标准的重大变化及解析[J].化学教育(中英文),2018(9):41-47.

2021年11月,联合国教科文组织发布了一份题为《共同重新构想我们的未来:一种新的教育社会契约》的全球性报告,该报告重点阐述了教学当前亟待解决的话题,包括学习的目的、方式、内容、地点和时机,特别是"学习方式"和"学习时机"的问题,几乎已经成为学习进阶研究的重点。初中阶段是学生学习的重要时期,他们将面对更加复杂的学习和生活环境。尤其在数学学科中,研究学生如何理解"函数""图形的变化"等核心概念,对于其他学科核心概念的建构具有重要的参考价值。中国已经历了多轮课程改革,科学课程一直是改革的重点。课程改革不仅关注知识体系的构建,也强调责任意识和社会责任感的培养。学习进阶的发展为课程标准的实施和学生素养水平的评估提供了有力的支持。

因此,本部分内容对于全书的构建具有基础性的意义,它为理解和掌握初中数学核心概念的教学与评价提供了坚实的基石。具体而言,其重要性可以概括为以下三个方面:

第一,学生数学学习的深度认识。

通过以核心概念为中心的知识教学法,可以促进学生构建完整的知识体系,并实现知识的有效迁移。研究指出,在知识组织方法上,专家教师相较于新手教师,更倾向于以核心概念为中心,逐步构建课程内容,并根据学生的认知发展水平来设计教学活动。这种教学策略一方面让教师更加明确学生的学习态度,另一方面也促使学生加深对核心概念的深层理解,使学生掌握学习方法,提高知识迁移能力。进一步来说,学习进阶理论是对学生核心概念学习不同阶段的具象化描述,展现不同阶段学生应该达成的理解水平目标,实现指导学生在基础教育阶段持续学习核心概念和理解知识点间联系的效能,为教学实践指明了方向。

第二,教师教学方式的理论支持。

在中学数学教学中,培养学生的核心素养和深度学习已成为共识。深度学习的实质是在学生对概念的理解基础上,进一步发展其高阶思维能力。

学习进阶的研究对于促进深度教学和加深学生对核心概念的理解具有显著作用。尽管教育部统一制定了课程标准，但不同地方政府和学校可能会采用地方或校本教材。学习进阶理论能够有效地评估教师的课堂教学与课程标准的一致性。在该理论指导下的教学设计和课堂活动指向学生的认知发展，立足于学生发展水平的起点和未来发展阶段，设置多级进阶目标，激活学生的创新思维方式，实现既定的教育教学目标。在教学开展之前，教师应明确教学的重点和难点，并依照由简到难的原则合理配置进阶变量，逐级预设进阶水平。这种预设并非凭空而来，而是基于学生的思维发展，让学生通过学习达成进阶目标，进而让学生在理解知识、掌握技能、发展素养等方面得到综合提升、全面突破。例如，在教授二次函数时，学生的思维发展可以从最初的列表、描点、连线作图，逐步过渡到通过平移、伸缩作图，最终能够根据函数参数快速绘制草图，这一过程体现了学习进阶的应用。总体而言，学习进阶理论有助于教师明确教学目标，选择适宜的教学内容和策略，并设计有效的教学路径，促进学生对核心概念体系的深入理解。

第三，数学教学质量的优化提升。

学习进阶理论用于考量学生"概率"概念的学习，进而评估学生的认知发展，不仅提供概率概念理论学习的实践路径，还丰富了课程理论研究的内容，有明确的理论意义和实践价值。与此同时，认知诊断模型再次完善了学习进阶模式的构建，让本研究所构建的学习进阶模型与认知诊断模型互相验证，实现学生认知发展的全过程评估。以认知诊断理论为视角构建的概率概念学习进阶，在得到验证后，也可以为后续的研究提供借鉴，有一定的普适作用。该模型在如何提取选择属性、设置层级关系、编制测试方案等方面的实践，也为其他学科学习进阶模式的构建提供实践可能性。认知诊断模型为教学评价、诊断和补救提供了理论支持，通过该模型开发的测验工具，可以从整体上评价学生群体的能力水平，呈现具体的认知诊断信息，又从具体的维度有针对性地为教师教学和学生认知发展提供有效指导和有力依据。

第一章 初中数学核心概念学习进阶的理论基础

第一节 数学核心概念的内涵解析与研究进展

一、数学核心概念的内涵解析

概念作为知识体系中的基本构成元素，具有其固有的本质属性，并在形式逻辑的基础上发挥着关键作用。没有逻辑的支撑，概念将变得零散无序。数学概念既具体又形象，同时具备逻辑性和抽象性，其中逻辑性是其核心特性。数学概念的理解过程实质上是逻辑思维发展的具体体现。数学概念的形成是一个从过程到对象的逻辑转化过程，因此，理解数学概念需要遵循逻辑规律，明确概念在知识体系中的位置和作用，并把握不同概念之间的内在联系，从整体上理解数学概念的内涵和外延。

核心概念已经受到国际理科教育界的广泛关注，并成为研究的重点领域。不同国家对核心概念的理解存在一定的共识与差异。例如，美国教育家赫德（Hurd）认为核心概念具有前沿性，包含丰富的逻辑内容，是学科结构的核心部分，具有多维和高阶特性，反映了当代科学的思维方式，因此将构成课程的概念或原理称为核心概念（key concepts or representative ideas）。[1]

---

[1] Maria Isabel Hernandez, Digna Couso, Roser Pinto. Analyzing students' learning progressions throughout a teaching sequence on acoustic properties of materials with a model-based inquiry approach[J]. Journal of Science Education and Technology, 2015(2-3):356-377.

戴伊(Day)将核心概念视为数学知识网络的框架,是知识领域进阶的中心,也是课程的"核心结构"和"教学主线"。①费德恩(Feden)则认为核心概念是课程基础,蕴含丰富的数学思想和方法,作为本源概念,教师应从其内涵和本质出发,引导学生深入理解其数学思想和内容体系。②埃里克森(Erickson)认为核心概念是概念体系中的联结点,具有基础性和可生长性,是关键性概念或原理。③

邵光华和章建跃认为核心概念在课程中扮演着中心角色,其他概念与它紧密相关或由此衍生。④核心概念源于事实,又被应用于事实,包括对重要概念、理论、定理的基本解释和理解,具有前沿性,能够展现当代学科的图景。数学核心概念在数学学科中占主导地位,在学生的认知结构中作为联结点,体现了课程丰富的数学思想和方法。数学核心概念涵盖知识与技能、过程与方法、情感态度与价值观三个维度,即三维目标。核心概念的核心地位一般通过其价值体现,一个数学概念具有核心地位,需要满足以下条件:在某一阶段的数学概念体系中处于核心位置,具有基础性地位和可生长性,能够建立概念间的内在联系,形成概念网络;包含丰富的数学思想方法,涉及多个下位概念,属于逻辑链条的自然环节,从事实和现象中抽象出来,与学生的思维发展水平相适应,具有连贯性和一致性的结构,是学生再认知的元认知。⑤数学核心概念是整个数学概念体系中的"精髓",是重中之重,由核心概念通过某种数学思想和逻辑方式联结其他的概念,同时衍生出丰富的子概念。从数学学科的视角来看,数学核心概念具有基础性、关联性和系统性的特点。在识别和筛选核心概念时,需要首先理清数学概念的脉络和逻

---

① D. A. 格劳斯主编.数学教与学研究手册[M].上海:上海教育出版社,1999:4.
② D. A. 格劳斯主编.数学教与学研究手册[M].上海:上海教育出版社,1999:75.
③ 曹才翰,章建跃.数学教育心理学[M].北京:北京师范大学出版社,2006:99.
④ 邵光华,章建跃.数学概念的分类、特征及其教学探讨[J].课程・教材・教法,2009(7):19-23.
⑤ 章建跃."中学数学核心概念、思想方法及其教学设计研究"课题简介[J].中学数学教学参考,2007(5):31-32.

辑路径,明确核心概念在整个概念体系中的地位,最终选择在概念体系中处于核心位置的概念,且这种概念能够起到衍生和"承上启下"的作用,这些概念或意味着数学方法的变革,或反映重要的知识获取过程。

因此,本书中界定的核心概念是那些从现实和知识情境出发,关注学生现有知识、尊重学生认知发展过程、让学生体验丰富的思想和方法、发展学生元认知能力的概念,以促进新知识的建构。对数学学科而言,核心概念像树干一样,处于核心地位或者说是"可生发"位置;对学生的认知结构而言,核心概念应形成心理图谱,存在于学生的知识体系中,具有基础性(虽然有时不易言说);在呈现方式上,以核心概念作为"原点",通过与之相关的衍生概念构建概念图谱,并有明确的概念节点;在教学意义上,对核心概念教学的重视,就是对学生数学知识获得的重视,旨在通过数学学科中的基本概念加深学生对数学的理解程度,促进学生核心素养的提升。这些概念集合了数学思想的核心,让学习过程成为不断生发、不断上升的过程。这些特征要求教师在初中数学核心概念教学中遵循系统性和整体性原则,需要在较长的教学阶段中通过其他数学内容或相关概念加深学生对数学核心概念的理解。

二、数学核心概念的研究进展

美国教育家赫德(Hurd)将核心概念的重点放在学科上,他将那些能够反映当代学科全貌并构成学科框架基石的科学课程概念和原理定义为"核心概念"。而美国课程领域的权威埃里克森(Erickson)则将核心概念的重点放在课堂上。他认为核心概念首先应该是学科的"中心",是最重要的部分,并且能够在课堂内发挥应用价值,同时应该超越课堂,具有迁移知识、拓展知识价值的一系列方法和理念。[1]而有的学者则依据概念体系中某个概念的

---

[1] 张颖之,刘恩山.核心概念在理科教学中的地位和作用:从记忆事实向理解概念的转变[J].教育学报,2010,6(1):57-61.

重要程度,将其区分为"核心概念"和"边缘概念",其中核心概念构成了理论的主体,而边缘概念则围绕核心概念而存在,是核心概念的"辐射"要素。①胡玉华主张,任何一门学科的教学过程中,都要构建一个整合信息片段的完整的知识体系,并将其拓展、融合成更全面的知识结构,联结构成更大的知识结构的"小知识结构",也就是整体知识结构的"枢纽"即为核心概念。②而从微观的概念区分角度来看,核心概念与基本概念、主要概念、核心观点在意义上相近,都是对学科的概念性理解阐述,是对学科中有关概念、理论和方法的理解和定义,构成了学科的主体框架。③徐学容则更强调核心概念的"基础性",他认为核心概念是学科知识领域的内核,涵盖了该领域所有的概念、规律、原理、方法等基础性内容,是学科得以成为学科的重要部分。④在核心概念的视角下,课程内容的设计应体现数学学科核心概念的进阶体系。数学概念的深入学习反映了学生建立科学观念的过程,这一过程包括记忆、理解、运用、分析、评价和创造等阶段(见图1-1)。同时,认知发展从初级阶段向高级阶段的过渡,展现了学生数学思维能力的逐步提升。实施以大概念为中心的教学时,教师不仅要考虑概念的深度和广度,还需关注教学目标和学生素养的进阶,这三者相互关联,共同构成了对大概念进阶全面理解的基础。

在数学领域,学者章建跃从数学学科本身和数学教学实践两个不同维度对数学核心概念进行了阐释。从数学学科的视角出发,核心概念是数学这门课程中的重要内容,也是基础性内容。只有理解核心概念,才能够联结整个数学知识架构,而这种联结依靠对核心概念理解的方法,蕴含着数学思

---

① 欧阳景根.核心概念与概念体系的建构理论[J].华中师范大学学报(人文社会科学版),2006,45(3):31-37.
② 胡玉华.基于核心概念建构的生物学新课程教学[J].中学生物学,2012(7):62-64.
③ 张颖之,刘恩山.核心概念在理科教学中的地位和作用:从记忆事实向理解概念的转变[J].教育学报,2010,6(1):57-61.
④ 徐学容.指向学科核心概念的结构化教学[J].四川教育,2022(Z4):28-29.

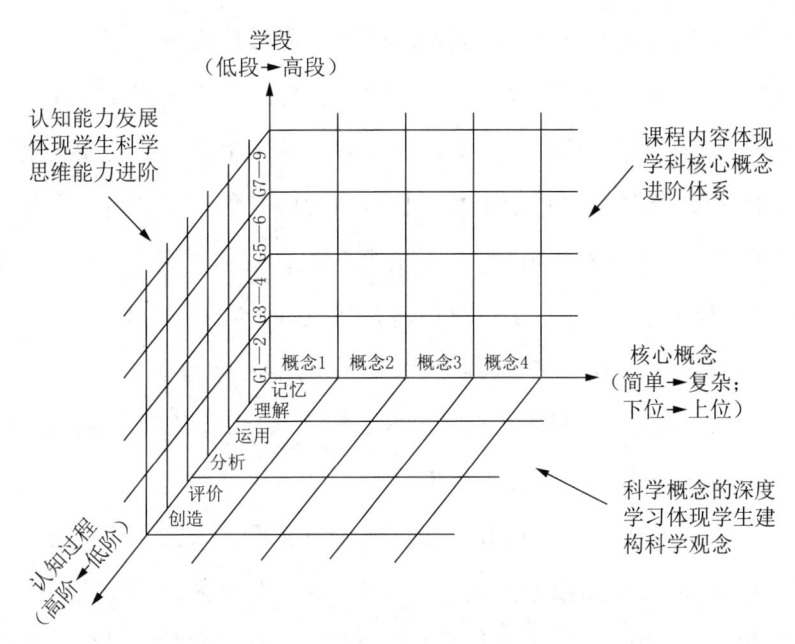

图 1-1 基于核心素养的科学课程概念学习进阶设计模型

想的"闪光点"。从课堂教学实践来说,核心概念被视为课程的精髓,教学目标的设定、教学策略的选用、教学环节的安排和教学成效的评估均应以"核心概念"为基础。可以认为"核心概念"是学生认知体系中的重点,是学生完善知识体系的难点,也是形成数学思维的起点。只有理解核心概念,才能掌握数学学习方法,形成对数学这门课程的理解。[①]章建跃在其关于高中核心内容教学设计的著作中,列举了 27 个数学核心概念,主要包括:集合、函数、指数函数、空间几何体、算法、随机抽样、随机事件的概率、古典概型、几何概型、任意角、任意角的三角函数、平面向量、数列、不等式、基本不等式、一元二次不等式、绝对值不等式、椭圆、空间向量、导数、定积分、复数、排列、组合、离散型随机变量、极坐标系、参数方程。这些核心概念构成了当前数学课程的主要知识点。法国数学家贝诺瓦·里多继而从数学课程教学与实际应用

---

① 章建跃."中学数学核心概念、思想方法结构体系及教学设计研究与实践"中期研究报告(续一)[J].中学数学教学参考,2008(15):1-3.

出发,列举了数学中的14个关键概念,分别为:质数、复数、π与化圆为方、多项式、函数、积分、点、三角、图、算法、程序、数值模拟、随机、社会调查。①在他的理论中,多项式可以理解成对标高中的方程式。从学生认知活动或者说是脑认知角度出发,吴增生又重塑了数学核心概念的具象意义。他认为对人脑发展产生重要影响的概念是数学的核心概念。②毕力格图更加强调核心概念的引领作用,认为它是贯穿学科阶段、构建学科内容的顶层概念,与其他概念形成"隶属"关系,换言之,其他概念都是基于核心概念扩展而来,要依托于核心概念。判断一个概念是否属于核心概念,需要从宏观、中观和微观三个层面进行考量,并满足一定的标准。

在宏观层面的考量中,核心概念被视为能够整合或包含其他概念的最高层级概念,其他概念均由此衍生,并且核心概念应该始终引领数学学科的重要思想理念。中观层面的考量则关注核心概念作为数学学科各学习阶段(如小学、初中、高中、大学等)的重要内容以实现教学目标,在课堂之外,还能将其作为应用于实践的重要理论工具,使其成为解决问题的"钥匙"。此外,核心概念还要具有承上启下的作用,帮助学生进行后续知识结构的构建。从微观层面来看,核心概念被赋予丰富的含义,并展现出普遍适用性。对于中小学数学教育而言,数、集合、图形、关系、函数、运算、向量、概率、统计和算法等概念构成了核心概念的范畴。③有学者指出,数学核心概念在特定的数学概念体系中扮演着重要角色,通过某种数学思想或数学方法与其他概念关联,明确了核心概念丰富的外延属性。从学习的角度来看,核心概念的学习是一切知识获得的起点。他提出了如何确定核心概念的基本步骤:提取概念体系,厘清概念逻辑,选取可生发的重要概念作为核心概念。④

---

① 贝诺瓦·里多,等.数学的14个关键词[M].张琳敏,译.上海:上海科学技术文献出版社,2010.
② 吴增生."3B"教育理念下的数学核心概念教学策略[J].中国数学教育,2011(1-2):4-8.
③ 毕力格图.高中数学教师学科知识发展研究[D].长春:东北师范大学,2011.
④ 陈国华.APOS理论下初中数学核心概念及其教学策略探究:以"函数"概念为例[J].数学教学通讯,2017(7):25.

其实,很多学者都在著作中提出数学核心概念的衍生功能,同时也有学者关注到核心概念的客观性和核心概念选择的主观性是矛盾又统一的。所以,在核心概念的选择原则上加入了概念的应用属性。综上所述,国内外学者对核心概念的研究已十分丰富,内容涵盖核心概念的内涵、选择方式等,这为本书中有关核心概念的内涵解析提供了重要的参考和借鉴。

第二节 数学学习进阶的内涵解析与研究进展

一、数学学习进阶的内涵解析

在关于学习进阶(Learning Progressions)的学术文献中,学习进阶被定义为学生在学习过程中应遵循的轨迹,[1]或者是评估学生学习进展应依据的路径。[2]西蒙(Simon)提出,学习进阶涵盖了学习目标、活动内容及思考路径,将其视为一个基于经验和假设、具有明显阶段性的学习模型。[3]马斯特斯(Masters)等人则将学习进阶视为学生在学习过程中普遍遵循的路径,是对学生知识技能的掌握进行阶段性的可靠描述。[4]威尔逊(Wilson)等人将学习进阶描述为学生在探索概念时所展现的连续且复杂的思考模式,并通过具体的词汇和实例来阐释如何向更专业的理解迈进。[5]虽然学界尚无对核心概

---

[1] Alonzo A, Steedle J T. Developing and assessing a force and motion learning progression [J]. Science Education, 2008(93):389 - 421.

[2] Gunckel K, Covitt B, Salinas I, et al. A learning progression for water in socio-ecological systems[J]. Journal of Research in Science Teaching, 2012(7):843 - 868.

[3] Simon M A. Reconstruction mathematics pedagogy from a constructivist perspective[J]. Journal for Research in Mathematics Education, 1995, 26(2):114 - 145.

[4] Masters G N, Adams R J, Wilson M. Charting of student progress[M]//Husen T, Postlethwaite T N, Eds. International encyclopedia of education. Oxford: Pergamon Press, 1990:628 - 634.

[5] Wilson M. Measuring progressions: assessment structures underlying a learning progression [J]. Journal of Research in Science Teaching, 2009(46):716 - 730.

念的统一定义，但是会根据不同情境有侧重地阐述核心概念的含义。具体而言，学习进阶在微观层面上以学科理解为重点，在宏观层面上以课程设计为关键。美国国家研究理事会(National Research Council，NRC)在其2005年和2007年的报告中将核心概念的不同相关者联系到一起，认为学习进阶是连接理论研究者、教育评估者、课程设计者和教育决策者对话的关键，是连接概念学习研究与课堂教学实践的桥梁，[1]是促进课程标准、教学与评估以及学生认知心理一致性发展的有力工具。[2]

过往研究表明，学习进阶的定义尚未完全统一，其差异主要源于对学习进阶的不同关注点，包括思维方式、概念理解、推理过程和策略性序列等方面。第一种观点强调"思维进阶"，如美国国家研究理事会的定义[3]，以及莫汉(Mohan)等人的看法，认为学习进阶是从简单到复杂、从低级到高级的思维发展路径[4]。第二种观点着重于"概念理解的进阶"，例如梅里特(Merritt)等人的观点，认为学习进阶是学生对某一学科领域由浅入深、由简单到复杂的概念理解过程。[5]阿朗佐(Alonzo)和斯蒂德尔(Steedle)则认为学习进阶是学生对某一核心概念理解的有序描述。[6]第三种观点关注"推理方式的进阶"，史密斯(Smith)等人将学习进阶定义为在学习核心概念过程中所遵循的一系列逐渐复杂的推理方式。[7]第四种观点则是"策略性序列的进阶"，史

---

[1] National Research Council. Taking science to school: learning and teaching science in grades K-8[M]. Washington, D.C.: The National Academies Press, 2007:213-250.

[2] Wilson M. Assessment for learning AND for accountability[R]. Keynote presentation at the exploratory seminar: next generation K-12 assessment systems, 2009:7-12.

[3] National Research Council. Taking science to school: learning and teaching science in grades K-8[M]. Washington D.C.: The National Academies Press, 2007:52-54.

[4] Mohan L, Chen J, Anderson C W. Developing a multi-year learning progression for carbon cycling in socio-ecological systems[J]. Journal of Research in Science Teaching, 2010, 46(6):675-698.

[5] Merritt J D, Krajcik J, Shwartz Y. Development of a learning progression for the particle model of matter[C]. Proceeding of the 8th international conference for the learning science, 2008.

[6] Alonzo A C, Steedle J T. Developing and assessing a force and motion learning progression[J]. Science Education, 2009, 93(3):389-421.

[7] Smith C L, Wiser M, Anderson C W, et al. Implications of research on children's learning for standards and assessment: a proposed learning progression for matter and the atomic-molecular theory[J]. Measurement Interdisciplinary Research & Perspectives, 2006, 4(1-2):1-98.

蒂文斯(Stevens)等人认为学习进阶是一种策略性序列,有助于加强与核心科学概念相关的概念联系。①

在本书中,基于美国国家研究理事会对学习进阶的定义,构建了中学生概率概念的学习进阶框架。该框架将学习进阶定义为对学生思维方式逐渐复杂化的假设性描述,即学生在学习某一核心概念过程中所展现的一系列由简单到复杂、由浅入深的思维路径。②通过实证研究,探索学生如何赋予经验以意义,并提供关于学生概念理解进展的思维变化的详细描述,这构成了学生概念理解学习进阶的研究基础。

二、数学学习进阶的研究进展

学习进阶作为一种测评工具,旨在优化课程设置、教学方法和评价体系,为科学教育领域带来新的研究方向、视角和应用场景。罗斯曼(Roseman)等人对从小学至高中的"概念序列"进行了深入探讨。③史密斯(Smith)等人将学习进阶定义为在特定内容领域内连续且复杂的推理过程。④杜喜尔(Duschl)等人提出,学习进阶反映了儿童在较长时间范围内,根据不同研究主题所展现的连续且复杂的思维发展。⑤史蒂文斯(Stevens)等人将学习进阶定义为一种策略性排序,旨在促进概念的分化与整合,形成与核心概念相

---

① Stevens S Y, Delgado C, Krajcik J S. Developing a hypothetical multi-dimensional learning progression for the nature of matter[J]. Journal of Research in Science Teaching, 2010, 47(6):687 − 715.

② National Research Council. Taking science to school: learning and teaching science in grades K-8[M]. Washington D.C.: The National Academies Press, 2007:52 − 54.

③ Roseman J E, Caldwell A, Gogos A, et al. Mapping a coherent learning progression for the molecular basis of heredity[C]. Paper presented at the annual meeting of the National Association for Research on Science Teaching, San Francisco, 2006:23 − 25.

④ Smith C L, Wiser M, Anderson C W, et al. Implications of research on children's learning for standards and assessment: a proposed learning for matter and the atomic-molecular theory[J]. Measurement: Interdisciplinary Research & Perspectives, 2006, 4(1−2):1 − 98.

⑤ Duschl R, Grandy R. Teaching scientific inquiry: recommendations for research and implementation[M]. Rotterdam: Sense Publishers, 2008:1 − 55.

关联的概念网络。①阿朗佐(Alonzo)等人认为学习进阶是支持教师进行形成性评价的工具。②赫斯(Hess)将学习进阶视为从学生对概念的一般性反应到深入理解的转变。③萨利纳斯(Salinas)将学习进阶描述为个体理解力从简单到复杂发展的连续、相互关联的思维技能和知识习得步骤,这些步骤是灵活的、基于研究的,并且发生在特定的时间跨度或主题内容领域中。④塞维安(Sevian)等人认为学习进阶本身可能是一种"垫脚石",一种促进学生再概念化的"富有成效的思考方式"。学界普遍认为,学习进阶是推动学习者和个案研究人员形成新思维方式的媒介。⑤

国内学者如王磊、黄鸣春等对学习进阶进行了细致的研究,涉及学习、课程和评价等多个领域。⑥郭玉英、姚建欣、张静等提出,科学课程整合应首先围绕核心概念组织知识内容,构建统一的概念体系,并在此基础上设计学习进阶,以促进学生核心素养的持续性发展。⑦还有一些学者则认为学习进阶是描述学生在不同教育阶段学习同一概念(不同维度)时所表现出的思维逻辑和习得路径,表现出以核心概念为"圆心",逐级上升、逐渐复杂的知识序列,并且这些知识点互相联系,为实践提供理论基础,具有一定的应用特性。⑧翟

---

① Stevens S Y, Shin N, Delgado C, et al. Developing a learning progression for the nature of matter as it relates to nanoscience[EB/OL]. http://www.hice.org/presentations/documents/UM_LP_AERA_200.

② Alonzo A C, Steedle J T. Developing and accessing a force and motion learning progression [J]. Science Education, 2009(93):389 – 421.

③ Hess K. Developing and using learning progressions as a schema for measuring progress [EB/OL]. http://www.nciea.org/publications/CCSSO2_KH08.pdf.

④ Salinas I. Learning progressions in science education: two approaches for development[C]. The Learning Progressions in Science(LPS) Conference. Iowa City, IA, 2009.

⑤ Sevian H, Talanquer V. Rethinking chemistry: a learning progression on chemical thinking [J]. Chemical Education Research and Practice, 2014(15):10 – 23.

⑥ 王磊,黄鸣春.科学教育的新兴研究领域:学习进阶研究[J].课程·教材·教法,2014,34 (1):113 – 114.

⑦ 郭玉英,姚建欣,张静.整合与发展:科学课程中概念体系的建构及其学习进阶[J].课程·教材·教法,2013(2):44 – 49.

⑧ 刘晟,刘恩山.学习进阶:关注学生认知发展和生活经验[J].教育学报,2012(2):81 – 87.

小铭、郭玉英、李敏等将学习进阶理解为学生知识获得的整体框架,是实践应用的"导引",进而分析了学习进阶对课程标准、教学和评价的重要意义。[1]皇甫倩、常珊珊、王后雄等则比较中美两国学习进阶理论的发展,以及对中国学习进阶研究的影响。[2]孙影、毕华林等基于ChemQuery评价系统对学习进阶的构建做出研究,并阐述学习进阶在物理学、化学、生物学、地理学等领域的应用成效以及对其他学科的借鉴意义。[3]此外,也有学者在基因科学、碳循环、力与运动、化学平衡、人地关系等领域开展了有关学习进阶模式构建的研究。基于此,本书参考以往的研究范式,以图形的变化、概率、函数为例,并以此作为数学核心概念学习进阶模式的切入点,分析了中学数学核心概念的学习进阶过程。通过设置教学目标,引领学生学习核心概念,实现学生认知体系的建构和完善,提高知识的迁移能力,试图在本书中勾画出学生思维的发展和变化。具体来说,学习进阶的内涵可从以下几个层面进行理解:

(一)学习进阶的发展性

与儿童成长中的知识习得过程不同,学习进阶更强调"教育手段",也就是教育功能的发挥。在探讨学习进阶的时候,有必要对相关概念进行区分:第一个要区分的概念是学习轨迹(learning trajectory),这一概念在数学教育领域中频繁出现。西蒙(Simon)于1995年首次提出"假设性学习轨迹"(hypothetical learning trajectory)的概念,这一概念指的是学习中应然的目标、内容和思维方式。[4]建构主义虽然对数学教学产生了影响,但并未提供具体

---

[1] 翟小铭,郭玉英,李敏.构建学习进阶:本质问题与教学实践策略[J].教育科学,2015(2):47-51.
[2] 皇甫倩,常珊珊,王后雄.美国学习进阶的研究进展及启示[J].外国中小学教育,2015(8):53-60.
[3] 孙影,毕华林.科学教育中学习进阶的开发模式研究述评——以ChemQuery评价系统为例[J].全球教育展望,2015,44(8):104-113.
[4] Simon M A. Reconstruction mathematics pedagogy from a constructivist perspective[J]. Journal for Research in Mathematics Education, 1995, 26(2):114-145.

的教学方法,而学习轨迹恰好补充了这一点。西蒙基于建构主义理论,探讨了学习目标实现和学习轨迹正确把握的正相关性,认为学习轨迹的有效实践能够推动学习目标的实现。第二个要区分的概念是教学法和教学实验(didactics and teaching experiments),这一概念解决了教学顺序的问题,并且对教学过程指明了方向。克莱特(Klette)认为这一概念包含了师生之间的关系,其中的核心内容在于教学方式的选择。[1]紧接着,霍普曼(Hopmann)更加精准地指出教学法的三要素:组织、排序和选择,其中排序是其显著特征。[2]利金泽(Lijnse)在之后的研究中再次强调教学顺序的重要性,认为课程中教学的数学对学生的认知结构发展起到重要作用。研究认为,霍普曼提到的教学法既有悖于课程发展,又不利于人的知识水平建构,课程的设置某种程度上忽略了"人本位",单纯从学科的角度出发是对学生已有知识的忽视,而这种片面性会阻碍概念的双向对接。[3]基于对以往教学方式忽略人的知识建构的批判,利金泽提出了一种发展性研究范式,即通过教学内容的精心设计、概念分析、小范围课程应用、课堂互动和课后反思等环节,促使学生自下而上地掌握知识。同时,他将这一系列研究范式归纳总结,用实践活动予以验证,形成一套基于实践经验的课堂教学理念。[4]学习进阶研究的初衷是对知识习得水平进行多样性描述,但在研究过程中研究视角又逐渐"单一",多数为教学层级或学习序列的研究。但是学习过程是复杂的,认知水平也与环境、思维等因素息息相关,所以学习过程中可能出现"越级"等不可预测的结果。[5]这

---

[1] Klette K. Trends in research on teaching and learning in schools: didactics meets classroom studies[J]. European Educational Research Journal, 2007(6):147-160.

[2] Hopmann S. Restrained teaching: the common core of didactic[J]. European Educational Research Journal, 2007(6):109-124.

[3] Lijnse P. "Developmental Research" as a way to an empirically based "didactical structure" of science[J]. Science Education, 1995(79):189-199.

[4] Lijnse P, Klaassen K. Didactical structures as an outcome of research on teaching learning sequences[J]. International Journal of Science Education, 2004(26):22.

[5] Amin T G, Smith C L, Wiser M. Student conceptions and conceptual change: three overlapping phases of research[M]. New York: Routledge, 2014:57-81.

也就意味着,学习进阶的研究有助于学生对核心概念的理解,但是教学过程中仍然没有形成完善的、统一的教学方式,所以对学习进阶的实践仍处在探索阶段。但是学习进阶能够展示学生在长时间内概念学习变化的轨迹是毋庸置疑的,教师可以通过学习进阶的测量结果更好地理解学生的思维变化,因时制宜设定合适的学习目标,改进教学方式,帮助学生构建概念图谱。

(二)学习进阶的针对性

学习进阶并非一个全新的概念,在发展心理学领域内,学者们早已对儿童在科学学科中概念的发展进行了研究。例如,布鲁纳(Bruner)的螺旋式课程理论、布朗(Brown)与坎皮奥内(Campione)的发展阶梯理论、卡彭特(Carpenter)和莱勒(Lehrer)的认知引导教学理论,尽管各理论不尽相同,却都对学习进阶的要素有所涉及。学习进阶通常专注于特定的学科主题,如生物、物理、化学、地理和天文学等,且不同主题的学习进阶在设计上展现出显著的层级差异。某些主题的学习进阶可能在一年内跨越多个层级,而其他主题则可能需要几年时间才能完成一个层级的进阶。这些差异既是学习进阶理论本身的多维度特性所形成的,又说明学习进阶的切入视角与教学实践密切相关,两者相互影响,共生共依。[1]此外,学习进阶所描述的学生年龄群体大体相同,但是学习进阶的影响较为深远,可贯穿不同的教育阶段,描述不同的教育群体。[2]肯尼迪(Kennedy)等人则讨论了学习进阶的评估属性,认为学习进阶实质上是一种基于假设的推测模型所构建的一系列评估学生学习进展的指标体系,并且要通过实践的时间推移进行理论验证。[3]通过以

---

[1] Schwarz C V, Reiser B J, Davis E A, et al. Developing a learning progression for scientific modeling: making scientific modeling accessible and meaningful for learners[J]. Journal of Research in Science Teaching, 2009(46):632-654.

[2] Mohan L, Chen J, Anderson W A. Developing a multi-year learning progression for carbon cycling in socio-ecological systems[J]. Journal of Research in Science Teaching, 2009(46):675-698.

[3] Kennedy C, Brown N, Draney K, et al. Using progress variables and embedded assessments to improve teaching and learning[Z]. Annual Meeting of the American Education Research Association, Montreal, Canada, 2005.

往研究的梳理分析,可以看到学习进阶研究为理解学生的发展提供了有价值的参考,但仍然要在当前教育环境中不断验证,从顶层设计到课堂教学,形成完整的学习进阶模式规划,使其能够自上而下地指导实践活动,尽可能锻炼学生的思维能力。

(三)学习进阶的预设性

学习进阶的预设性在威尔逊(Wilson)的相关讨论中得到了体现,他探讨了学习进阶的结构成分及其对评价设计的影响。[1]学习进阶的预设性也证实了学习进阶与教学实践存在相互依存又各自独立的特性。一方面学习进阶作为理论模型,是独立于特定的教学实践的;另一方面,这种理论模型的建构又是从特定的教学过程中凝练的。所以,有指向性地教学干预是否作为学习进阶的经验验证成为一些学者争论的焦点。施瓦茨(Schwarz)等人对教学干预验证学习进阶持支持态度,他们强调特定的教学实践对学生学习进阶的推动作用,认为这种干预至关重要,甚至可以认为这种特定的教学干预就是学习进阶的一个重要构成要素。然而,莫汉(Mohan)等人则认为要想验证学习进阶,就要让这种教学过程"自然而然地发生"。他们认为无须特定的教学干预,只要在当下的教学环境中观察教学实践,尤其是学生的学习过程和学习能力,就可以开发和验证学习进阶模型。这是因为有效的学习进阶模型应该对教学环境和学习者的需求具有普适作用,而非强调特定的教学干涉。无论何种观点,其实都忽视了学生固有的经验基础和知识水平。正是因为这种差异的存在,学习进阶难以兼顾不同学生的学习基础,也就意味着学习进阶呈现一定程度的预设性。但是这种预设性仍然可以辅助教师改进教学策略。教师将个人经验与教学方法深度融合,运用学习进阶这种复杂的工具,及时关注学习进阶所呈现的评价结果,依据结果优化教学方式,调整教学方法,完善教学理念。这就要求教师不断提升自己的专业发

---

[1] Wilson M. Measuring progressions: assessment structures underlying a learning progression[J]. Journal of Research in Science Teaching, 2009(46):716-730.

展水平,才能深度理解学生的思维发展和认知水平,在此基础上让学习进阶这一工具发挥出最大的效能。

在 2002 年,克莱斯根斯(Claesgens)等人开发了一项针对中学化学教育的项目,名为"用化学来生活"(Living by Chemistry),旨在衡量个人对概念的理解在时间推移和知识获得中的演变。[1]该框架被称为"化学家的视角"(Perspective of Chemists)。这一框架的目的是构建一系列连贯的评价体系,并通过一系列进阶变量来评估学生的学习水平和课程既定目标所要达成的水平之间的差异。该框架对学生理解概念的水平进行分层式描述。此外,布朗(Brown)提出了术语"发展路径"(Developmental Corridor)或者叫跨年级、跨年龄的学习途径。[2]"发展路径"指的是跨越不同年级和年龄段的学习过程。布朗建议在儿童早期引入概念,并在随后的学习阶段中不断深化、细化和扩展这些概念。史密斯(Smith)等人又构建了"大概念",并且围绕物质的构成、变化与不变及认知过程展开讨论。他们提出,大概念的发展可能经历两个重要阶段,分别在小学和中学时期。[3]而三个主题对应了不同发展阶段应该习得的知识。他们还定义了每个大概念的组成、不同层次的思考范围,并且将学段与概念相关联,这些学段并不是完全按照现有的规定来划分,比如史密斯认为第一个阶段应该是幼儿园到小学二年级。在对概念的研究基础上来确定哪些学习行为可以作为学习进阶的依据。此外,他们指出,现有的教学目标或评价标准多是抽象的陈述,缺少一定的实操性。那么,如何从抽象描述转化为教学实践成为不可回避的议题,而制定详细的标准成为这种转化的关键步骤。基于此,构建大概念的学习进阶评价体系,

---

[1] Claesgens J, Scalise K, Draney K, et al. Perspectives of chemists: a framework to promote conceptual understanding in chemistry[C]. Paper prepared for the Annual Meeting of the American Educational Research Association in New Orleans.

[2] Catley K, Lehrer R, Reiser R. Tracing a prospective learning progression for developing understanding of evolution[R]. Washington D.C.: National Academy of Sciences, 2005.

[3] Smith C L, Wiser M, Anderson C W, et al. Implications of research on children's learning for standards and assessment: a proposed learning progression for matter and the atomic-molecular theory[J]. Measurement: Interdisciplinary Research & Perspectives, 2006, 4(1-2):1-98.

使其成为认识世界、获得知识、改进思维的强有力的辅助。这种评价体系应该随着学生认知方式的加深而有所提升。这也就引出了他们对学习进阶与教学依赖关系的讨论,认为教学并不一定引起学习进阶,学习进阶不是单一的攀升过程,有可能在原有知识基础和教学环境的影响下形成螺旋式并进的结果,这也就意味着学习进阶理论仍是在假设中提取,存在预设性。

随着学习进阶研究的不断深入,研究者对学习进阶主体的关注从学生学习和课程开发转变到教师发展上。例如,施耐德(Schneider)和普拉斯曼(Plasman)构建了以描述教师学科教学知识为关键要素的假设性学习进阶模型。[1]温德斯切尔(Windschitl)团队开发了一种用于指导教师评估自身教学成果、服务教学实践的学习进阶模型,使教师能够正视自身的发展并实现既定教学目标。有别于以往的学习进阶模型,该模型聚焦于教师教学实践,并不直接关联学生学习特定内容主题或科学实践。[2]弗塔克(Furtak)等人提到有关学习进阶研究的一个核心问题,那就是学习进阶的研究主体到底是谁?[3]从以往的情况来看,大多数学习进阶的研究主体指向学生,进而以学习进阶引领课程开发和教学评价。弗塔克等人的提问为进一步开展研究指明了新方向,即学习进阶也可以服务于教师,依托指向教师的学习进阶为学生提供更好的教育。舒尔曼(Shulman)提出,指向教师的学习进阶模型应该包含学科知识和教学方法。这就表明学习进阶的研究主体具有多样性,在关注学生知识水平的同时,也可以关注教师的教学水平,使师生在学习进阶理论的指导下,实现教与学的融合,这也是人们未来可以关注的新的研究方向。[4]

---

[1] Schneider R M, Plasman K. Science teacher learning progressions: a review of science teachers' pedagogical content knowledge development[J]. Review of Educational Research, 2011(4).

[2] Furtak E M, Thompson J, Braaten M, et al. Learning progressions to support ambitious teaching practices[M]//Alonzo A, Gotwals A W, eds. Learning progressions in science: current challenges and future directions. Rotterdam, The Netherlands: Sense, 2012:461-472.

[3] Furtak E M, Heredia S C. Exploring the influence of learning progressions in two teacher communities[J]. Journal of Research in Science Teaching, 2014(8):982-1020.

[4] Lee S Shulman. Those who understand: knowledge growth in teaching[J]. Educational Researcher, 1986, 15(2):4-14.

第二章 初中数学核心概念"教"与"学"的现实问题

近年来,教师在持续改进初中数学核心概念的教学,但在实际教学过程中,仍存在若干问题,包括部分教师对核心概念的理解不够深入、重视程度不足、教学策略不当以及教学成效不尽如人意等。事实上,数学核心概念的教学是初中教育中具有挑战性的领域,传统的教学模式已不再适合当前数学核心概念的教学需求,亟须改革与创新。因此,本书旨在基于本校的教学实践,调研和分析初中数学核心概念"教"与"学"的现状。

第一节 教学设计:缺乏对核心概念的系统梳理与学情分析

一、数学核心概念的系统梳理

近年来,众多国家在基础教育领域逐渐采纳了"学生中心,教师引导"的教育理念。为了评估这一教育理念的实施程度,就需要考察教师能否真正实现以学生为中心。随之而来的是教师为实现这一教育目标而做的有关教学组织和教学方式的探讨和变革。"以学生为中心"并非完全放任学生发展,而是依据学生的认知发展规律来优化教学活动,从而实现学生认知水平的提升。对此,可以从以下两个维度进行分析。

首先从教育实践的角度来看,教师和学生作为课堂互动的直接参与者,可以从教师和学生的对话或者访谈中得到有关学生认知发展的初步情况,对学生的认知潜力有基本的认识。其次从教育研究的角度来看,就是基于对学科内容逻辑脉络的梳理和对学生认知水平规律的认识。所以,即使教育研究者或者课程专家没有直接参与日常教学活动,也可以从教育研究的角度了解学生在不同阶段的发展规律和认知水平。

面对如何将教育实践与研究思考有效结合的问题,学习进阶概念的出现为这一结合提供了可能。学习进阶这一概念起源于美国科学教育课程改革,旨在解决《美国国家科学教育标准》中知识点分散、缺乏连贯性等问题。学习进阶的目标是通过追踪学生的认知发展过程来实现课程、教学和评估的整合。

随着课程改革的深入,2011年美国国家研究理事会发布了《K-12科学教育框架:实践、跨学科概念和核心概念》,在这份报告中,主要用学习进阶来展示学科核心概念和科学实践的阶段性发展。[1]在这份报告中,学习进阶被认为是对学生认知发展过程中由简单到复杂、由具象到抽象的思维方式的假设性描述,是对学生思维变化和应然路径的详细阐述。[2]基于此,2013年5月,美国正式推出了以学习进阶为核心的《新一代科学教育标准》。[3]最初教育测量和教育评价等相关领域更关注学习进阶这一概念,后来随着学习进阶研究维度的多样化发展,学习进阶成为科学学科研究领域的新焦点。在我国,学习进阶研究也开始在核心素养领域发挥作用,并起到一定的推动作用。

---

[1] National Research Council. A framework for K-12 science education: practice, crosscutting concepts, and core ideas[M]. Washington, D.C.: The National Academies Press, 2012.

[2] National Research Council. Taking science to school: learning and teaching science in grades K-8[M]. Washington, D.C.: The National Academies Press, 2007.

[3] NGSS Lead States. Next generation science standards: for states, by states[M]. Washington, D.C.: The National Academies Press, 2013.

核心概念学习进阶的构建通常包括三个步骤:首先是构建假设性学习进阶,这种进阶模式包括教师对学生认知发展阶段的认识、学生对核心概念应然认知的理解、教育研究者基于认知心理学的课程逻辑分析。其次是基于认知诊断和测评结果对假设性学习进阶模型进行合理性检验和模型修正。其关键点在于需要专业的统计学或者教育测量学专家进行开发和论证,以保证测验的科学性和测试伦理性。教育实践工作者要考量学术术语对测量的影响,将其转化为被测者可以理解的、没有歧义的实践用语。再选取合适的测试对象进行检测,分析评测结果是否合理,进而逐步完善学习进阶的假设模型,最终形成可以被检验的正式模型。最后运用修订的学习进阶评估学生在核心概念上的认知表现,从而验证学生认知发展规律和认知结构水平。学习进阶的构建是一个需要多次迭代的过程,需要从不同的维度深度剖析学生的认知现状、认知态势和发展规律。这一过程表明,学习进阶需要多视角、多维度、多层级的支持,综合不同要素去描述学生的认知发展,这样才能准确刻画学生的认知水平,理解和判断学生的知识结构。

二、数学核心概念的学情分析

为了深入了解本校师生在数学核心概念"教"和"学"方面的现状,本研究基于教师的教龄、职称及学生的学业水平,随机选取了本校 26 名教师和 315 名学生参与问卷调查。调查结果显示,94.28% 的学生表现出对数学概念的学习兴趣。教师和学生普遍认同数学核心概念学习的重要性。虽然参与问卷调查的教师都声称在课堂上采用情境创设法引入数学概念,且其中 96.15% 的教师会对自己的概念教学进行反思,但仍有约 8% 参与问卷调查的学生表示未能充分理解教师通过情境创设法引入的数学概念,其中约 12% 的学生在数学概念迁移方面存在不足,同样约 12% 的教师未能有意识地构建概念网络。尽管大多数教师在课堂上安排了概念形成环节,但约 20% 的学生仍难以准确描述数学核心概念。调查结果显示,引入新概念的常用教学方法依次为旧知迁移(92.31%)、情境激发(88.46%)、生活实例(69.23%)、直观操作(50%)、直接导入(34.62%)、小组探究(30.77%)。

在对 15 名教师进行的补充访谈中,我们获得了以下见解:首先,教师普遍认识到数学概念教学在初中数学教育中的重要作用。有教师指出数学概念是学习其他数学知识的基础,且数学概念的掌握程度直接影响数学学习成效。其次,教师在数学概念教学中实施探究活动的实践存在偏差。一些教师表示在数学概念教学中很少开展探究活动,认为这会耗费较多时间;有的教师仅在公开课上采用探究活动,认为其形式大于实质;还有教师虽然认识到探究活动对学习概念有益,但受课堂时间限制,仅偶尔采用。此外,学生已有的经验和知识对数学新概念的学习既有积极影响也可能导致干扰。一些教师提到,学生在之前学习中积累的经验对理解新概念至关重要,但有时也会因先入为主的观念而遇到学习障碍。教师们意识到,了解学生的先验知识对于概念教学至关重要。

综上所述,初中数学核心概念的教学现状主要表现为:教师和学生高度重视数学概念的学习,但在教学方法和学生对概念的深入理解方面存在挑战;教师在课堂上采用多种方法引入新概念,但学生在概念迁移和用语言描述数学概念方面仍有困难;教师对探究教学持不同态度,且学生原有经验对新概念学习的影响具有双重性质。

(一)缺乏对数学概念形成过程的重视

在当前的教育大背景下,虽然大多数教师能够意识到概念形成过程的重要性,但是考虑到初中生抽象能力略显不足,较难理解概念形成过程,而这种理解上的困难又会影响学生对概念的学习兴趣,教师过多地专注于概念过程的教学反而会影响课堂教学进度。因此,虽然教师认为这种探讨是重要的,但是仍缺少对概念形成过程的教学。这就需要教师进行深入浅出的讲解，在有限的时间内达成学生对概念形成过程的兴趣和理解。

(二)缺乏对参与探究数学概念形成活动能力的培养

调查结果显示，只有一小部分学生可以用已有的知识理解概念形成的过程，大多数学生仍依赖于教师的教学或者他人的指导，缺少一定的主观能动性。在信息化时代背景下，多样化的教学模式已经成为教师不可或缺的辅助工具。教师用生动形象的教学方式可以降低学生学习抽象概念的难度，进而提高学生独立探究的能力。调查中可以看到学生对数学概念的学习活动有一定的意愿，但是较为抽象的新概念让许多学生在探究活动上望而却步。因此，教师需要鼓励学生积极参与，提高他们的学习信心，为学生带来更多的情绪价值。

(三)缺乏对自主探究数学概念本质属性的发现过程

在实际教学中，一些数学教师很少给学生时间来自主描述数学概念的属性，更多关注传授结论，而忽视了学生探究数学概念本质属性的发现过程。教师直接传授知识代替先让学生自主探究的方式可能导致学生在后续学习中感到困惑和乏力，只能依赖机械记忆，缺乏必要的反思和抽象能力。因此，教师在教学过程中应重视学生的内在体验，帮助他们从直观感受过渡到理性认知。

(四)缺乏对学生独立建构数学概念体系素养的培养

从调查中可知，一些教师尚未充分意识到构建数学概念体系对于深入理解数学概念的重要作用，这导致他们在教学过程中忽视了对数学知识结构的系统化整合。这种疏忽使得学生在掌握数学概念间的相互联系时遇到了困难，容易将相似的概念混淆。为了克服这些困难，教师需要重视并培养学生构建数学概念体系的能力，鼓励学生深入探究并理解数学概念之间的内在联系和规律性。通过这样的教学方法，可以促进学生对数学概念的深刻理解，并提升他们的认知和思维能力。

第二节 教学过程:忽视了数学核心概念生成过程与高阶思维发展

一、数学核心概念的生成过程

当前学情分析指出,对于核心概念的教学,往往忽视了概念生成过程的重要性。在众多研究者将研究焦点集中在以"核心概念"为核心的单元整体教学时,核心概念既是教学改革的关键点,又是制约教学发展的瓶颈。不同学科对大概念的理解各异,且即使在同一学科内,不同的分析框架下对核心概念的解读也不尽相同。对核心概念的准确理解和有效凝练是设计单元整体教学的重中之重。无论是教育理论工作者还是实践工作者都对这一难题感到困扰,并在不断探索破解之道。核心概念的相似表述包括大概念、关键概念、基本观念等,这些中文表述可能源自同一英文"big ideas"[1]。有些学者认为,核心概念体现了权威的逻辑思维,是统筹单元教学、引领单元目标的核心,具有一定的实践意义。[2] 格兰特·威金斯(Grant Wiggins)等学者则认为"核心概念能够协助学生将不同知识点串联起来。作为教师教学的有力工具,大概念发挥着'概念魔术贴'的功能,有助于知识的整合和巩固"。他们面临的挑战在于如何精心设计围绕少数几个核心概念的教学,同时避免覆盖主题下每一个知识点。[3] 格兰特·威金斯把核心概念比作车辖,但这一比喻并没有为确定大概念提供具体的方法。因此,他重新审视了布鲁纳

---

[1] Mmantsetsa M M. Reconceptualizing and repositioning curriculum in the 21st Century[R]. UNESCO, 2018.

[2] 吕立杰.大概念课程设计的内涵与实施[J].教育研究,2020,41(10):53-61.

[3] 格兰特·威金斯,杰伊·麦克泰格.追求理解的教学设计[M].闫寒冰,宋雪莲,赖平,译.上海:华东师范大学出版社,2017.

(Bruner)在《教育过程》中关于学科结构的讨论,特别是学科基本观念的重要性。布鲁纳认为,学科结构中的基本观念(basic idea)与核心概念在含义上是一致的。①核心概念对于单元教学至关重要,但核心概念的定义和提炼过程中的困惑一直束缚着单元教学活动的开展。究其原因,主要是以下几点:一是核心概念的含义存在多种解读,涉及维度较广、层次较多,不管是单元内容还是扩展到整个学科学习,抑或教育哲学层面,都存在核心概念梳理的困境;二是核心概念的范畴过于宽泛,如过于强调其生活价值等。那么限定核心概念的选择范围就是较为实用且比较有效的途径之一,将整个学科的范围缩小至学科内某个领域的主题,在这个范围内去梳理和选择核心概念。核心概念是连接领域或主题内,甚至跨领域、跨主题的更基本的概念、方法和问题,是促进紧密联系的知识的实用而强大的工具。②这就意味着,核心概念应该是与主题密切相关的,且具有绝对的引领作用,不仅可以引领本领域内的概念,还对跨领域的概念产生联结,类似于这样的概念就是核心概念选择过程中的首要考量。

课程标准为初中数学教育提供了一个清晰的框架,包括学科特性、教学目标、知识架构、教学内容、学业评价标准、实施建议等,这一框架的设定为教师的教学实践提供了明确的导航。这些标准不但具有现实的权威性和指导性,而且与时代发展同步,体现了教育的时代要求。因此,教师有责任深入理解并应用课程标准,将其作为教学设计的核心理念,将数学核心素养的培养与深度学习目标相结合,以培养学生的核心能力。同时,教师应确保教学活动与课程标准一致,确保教学内容、目标和评价标准的连贯性。

考虑到不同地区在教材、教师专业发展和学生特点等方面存在的差异,

---

① Bruner J S, Lufburrow R A. The process of education[M]. Cambridge, Massachusetts: Harvard University Press, 1960.

② Harlen W. Principles and big ideas of science education[M]. Hatfield, UK: Association of Science Teachers, 2010.

教师在准备教学时需要进行细致的分析和预判。这包括对数学教材的全面解读，理解数学概念的内涵和外延，以及教材中所蕴含的数学思想和教育价值。此外，教师还需深入了解学生的先验知识、认知水平和可能的学习障碍，以便确定数学概念教学的关键点。教师在课程标准的指导和对教材及学生情况深入分析的基础上，应制定科学的教授目标，明确教学的重难点，并设计有效的教学策略来解决这些难点，确保教学过程中教师引导作用和学生主动性的发挥，以促进教学目标的深入达成，引导学生理解和掌握数学概念。

（一）操作阶段：创设情境，感知活动，引入概念

学生初步接触并切身感知数学概念的阶段被称为操作阶段。所谓操作阶段其实是引导学生树立数字符号意识的阶段，这能为后续的学习探究做好铺垫。在以往的调查中显示，大多数学生因为缺少对数学核心概念产生过程的认识，也就很难将其迁移、转化为生活应用。当前的考试中有关核心概念的题目所占比重越来越高，着重对学生基础概念理解的考查，尤其是情境应用类试题，将生活场景与抽象概念融合，考查学生的知识迁移能力。由此说明，创设情境的教学方式能让学生深刻理解数学核心概念的背景知识，激发学生的学习兴趣，同时将抽象的概念转化为生活中的某个场景，使学生沉浸式体会到数学核心概念所带来的"魅力"。可以说，在操作阶段，情境创设是一堂课顺利开展的关键。情境创设会营造核心概念学习的场域，让学生在已有经验和知识积累的前提下，再次激活学生认知的"生发点"，让学生自觉扮演探索者的角色，从而获取有关核心概念的产生过程、产生意义等新的认知，并将已有的知识与之相联结，形成思维图谱，提升逻辑思维能力，为下一阶段知识的获得提供动力。

对于教师而言，在操作阶段就要把握好情境创设这一关卡，要积极发挥教师的主观能动性，拓展思路、头脑风暴，从情境创设所展示的内容、教学方法等进行慎重选择。教师可以采用多种教学手段，如多媒体、跨学科

辅助、人工智能等有效媒介，同时也要关注学生的认知规律和思维特点，尽可能设置学生较为感兴趣、会激发学生探究兴趣的情境，以便更好地激发学生的参与兴趣。这对教师的知识水平、组织能力、创新能力都是很大的考验。

(二)过程阶段:问题驱动,抽象本质,形成概念

通过情境创设开展教学，学生逐渐掌握有关核心概念的内容，将直观的感受转化为理性的感知，这种"获取知识"的阶段就是过程阶段，这是学生认知水平和思维能力提升最为迅速的一环。在先前的操作阶段，学生对数学概念已有初步的认识，而在过程阶段，深化学生对概念的理解，这是掌握数学概念的关键。深刻把握数学概念的本质是实现其灵活运用的前提，它使得学生能够在面对多变的问题时迅速找到解决方法。

在这一阶段，教学策略主要基于问题驱动的方法，通过提出问题来引导学生对数学概念进行表征、构建、求解和验证。这种逐步深入的问题设计有助于学生深入分析和构建数学概念模型，确保学生在教师的指导下积极参与学习过程。此外，这一阶段的学习目标是帮助学生深入理解数学概念，通过抽象思维过程提取概念的核心属性，进而促进学生对数学概念的深度学习。

在问题设计方面，教师需要细致规划，确保问题既有挑战性，又适合学生的能力水平。问题应当与教学目标和重难点相对应，激发学生的认知能力，让学生在付出努力后能够体验到成功的喜悦。教师应依据学生的认知水平和思维特征，恰当设置问题的难度，鼓励学生积极参与课堂探究活动，并勇于表达自己的想法。在探究活动中，教师可以根据问题的性质让学生进行独立探究或合作探究，并对学生的反馈及时做出回应，将学生的理解和反馈整合到课堂讨论中，以此促进学生的元认知技能发展，培养他们的数学逻辑思维和创新思维，提升学生的数学语言表述能力、抽象思维能力、反思能力和问题解决能力，实现深度学习的目标。

（三）对象阶段：批判理解，实践应用，深化概念

所谓的对象阶段也就是深化阶段，这一阶段是数学概念学习过程中的关键环节，它对应深度学习路径中的"知识深度加工"阶段，涉及批判性理解、问题解决以及知识应用。在之前的阶段，学生通过问题探究已经对数学概念的本质有了初步的归纳和总结。在对象阶段，教师应引导学生使用数学语言表达和概括这些概念，形成完整的数学对象。对于课堂知识的吸收只是单向的"接纳"，紧接着教师就要帮助学生构建批判性思维，既要理解核心概念的基础含义，也要适当拓展，引领学生学会多思考、多提问。在对象阶段要重点提升学生的问题意识和知识迁移能力，帮助学生学会利用已获得的知识去解答实践中的困惑，形成理论到实践，再反推理论知识的循环。这一过程就是学生元认知的过程，也是学生构建新的知识体系的过程。

对于教师而言，批判性思维的提升就是要用正向、反向的案例引导学生对数学核心概念的审慎思考，在这个过程中让学生反思自己是否也曾像反面案例一样陷入思维的困境，从而加深学生对重难点和易错点的印象，鼓励学生以批判质疑的态度理解所学的数学概念，提高学生解决问题的能力。

（四）图式阶段：迁移创造，整合建构，系统概念

图式阶段就是帮助学生勾画思维导图的阶段。这一阶段其实是在情境创设、自主探究、深度学习之后，将数学核心概念的学习深度整合的环节。虽然核心概念学习的阶段看似按部就班，其实是"你中有我，我中有你"，每个阶段的边界比较"模糊"。但在教学过程中，每个阶段的学习内容各有侧重，使学生感觉学到的知识是碎片化的、零散的。也就是说，图式阶段是数学概念学习的综合阶段，要将之前的每个阶段所习得的知识构建成一个完整的知识体系，让知识系统化、深度化。在以往的教学中发现，大多数学生并不擅于知识点的联结或者知识体系的搭建，即使已经掌握了核心概念，也不擅于融会贯通。所以在图式阶段，教师的首要任务就是协同学生创建思维导图，这也是将此阶段称为图式阶段的原因。

在图式阶段,教师首先要充分调动学生的思维能力,先是对已有知识进行快速回顾,进而帮助学生把之前的知识和新学到的知识产生关联,把知识点连成线,可以借助思维导图、概念导图等方式深化学生的记忆。这一阶段的难点在于如何整合知识点进而创新,同时要兼顾不同学生的知识水平,加强新旧知识点之间的联系,提升学生整体建构的思维能力。在这个过程中,学生如何发散思维找到适合自己的归纳方法、图式记忆、整合路径,也是教师需要关注的。

二、数学核心概念的高阶思维

(一)构建系统性思维:在概念体系中认识核心概念

数学学科以其结构性和系统性著称,各知识点相互关联,通过不断整合信息,个体能够构建起自己的知识体系。在面对问题时,能够灵活地调用所需的概念体系,高效解决问题。然而,调查结果显示,只有少数学生能够将所学的数学概念进行有效联系与比较,大多数学生未能通过思维导图等工具进一步整理和系统化所学的数学知识。这导致学生形成的数学知识往往是零散的、缺乏结构化的,不利于培养学生迁移应用数学概念和解决问题的能力。在教学设计时,一些教师可能仅关注单一知识点,忽略了数学知识体系的整体性,这种局限的认识可能会阻碍学生对数学概念的全面理解。

为了提升教学效果,教师在设计教学内容时,应将知识体系视为核心,围绕知识体系进行教学。核心概念的教学设计应深入探讨概念的起源、内涵、与其他概念的关系、实际应用,以及新概念如何为旧知识提供新的解释。教师在分析教材时,应采取整体性视角,不仅要关注当前教学内容的处理方式,还要考虑其在整个章节乃至整套教材中的处理方式。教师深入理解教材内容及其编写意图有助于全面理解教学内容。

另一方面,学生的批判性思维能力有待加强。事物的发展是通过肯定与否定的统一实现的,批判性质疑是自我完善和发展的重要途径。缺乏批判性质疑精神会抑制创造力和个人发展。调查发现,大约一半的学生在面对不同观点时能够批判性质疑,而另一半学生则倾向于接受不同观点,甚至自我否定,缺乏必要的批判性思维。这种倾向不利于学生的学习和发展。教师应鼓励学生培养批判性思维,从多角度思考问题,提出自己的见解,这将有助于学生在学习过程中取得更好的成果。

(二)领悟具象式思维:理解教学内容所反映的思想方法

如何运用数学思维方式去推理和解决问题是数学核心概念学习中的重中之重。原理、概念、方式等较为抽象的术语如何在数学思维中发挥作用是每个学习者都比较重视但又存在困惑的地方。数学思维方式的核心在于"逻辑",有逻辑地定义问题、思考问题和解决问题,从理论到实践的每一次迁移都是学生提升逻辑思维能力、盘活数学思维素养的过程。在教学中常说的"运用数学思维去生活",强调的就是学生在面对各种各样的生活情境时,能够有效运用数学所带来的逻辑思维能力进行理性思考,从而将抽象的概念具象化,发现问题所在,探究解决路径,最终解决问题,形成经验。当经验积累到一定程度时,还可以反推,假设一套解决问题的理论体系,再由实践去论证。这种高阶思维能力的获得就是学生不断完善自己的认知结构。[①]数学思维方法是教学过程中的核心内容之一,数学思维的起点便是对数学本质问题的深度理解和思考,我们既要掌握这种高度凝练的数学规律,又要打破固有的思维方式,去衍生新的认知和策略。我们在思考过程中运用的是数学思维,在实践中呈现的是数学方法,两者最终指向的都是人们对抽象概念的理解和运用。

数学思维技巧是数学知识结构的内在组成部分,数学概念及其原理的构建过程为数学思维方法的教学提供了关键的框架。在数学思维方法的教

---

① 柯志勇.小学数学核心素养的内涵综述与培养策略研究[J].亚太教育,2022(13):65-67.

学中,重视学生的"悟性"是至关重要的,即通过分步引导,帮助学生深入理解数学思想的核心。教学应当特别强调"过程性",因为没有经历相应的过程,学生就无法形成深刻的数学思维。概率论作为探究随机性现象的学科,其不确定性和随机性的思考方式是概率教学的核心内容。在教授"用频率估计概率"的课程时,除了强调随机性,频率稳定性的认识同样重要。学生通过参与实验,不仅能够获得直观感受和切身体验,还能深刻感受到随机性与稳定性的统一。因此,在统计与概率的教学活动中,教师应鼓励学生积极参与实验,以便更好地理解和掌握统计与概率的基本概念和方法。

"用频率估计概率"的教学目标之一是让学生理解并认识到使用频率来估计概率的必要性和合理性。在此课程的教学实践中,教师广泛采用"掷硬币"实验作为教学手段。由于掷硬币实验的概率可以通过经典定义直接计算得出,因此概率值是预先已知的。学生通过对比实验得出的频率值与理论概率值,可以直观地认识到频率值围绕理论概率值波动的稳定性,从而深刻理解用频率估计概率的合理性。

(三)运用数学式思维:用数学语言表达现实世界

数学语言是一种专业语言,用于记录和传递数学知识、表达数学思想,并反映数学学科的特点。[1]这种语言包括数学概念、专业术语、符号,以及数学特有的公式、图表等,它们共同构成了一套能够精确描述现实世界中的数量关系和空间结构的系统。数学语言以其准确性、严密性、抽象性和简洁性而闻名。如果对数学语言能力的掌握情况进行划分,那么基于人的认知过程,可以将其分为描述阶段、具象阶段和整合阶段。描述阶段重点在于培养学生对概念的阐述、表达和解读,让学生先对核心概念产生基本的感知;具象阶段的重点在于如何帮助学生把抽象的概念转化为具象的知识点或者具象的图形、案例、情境等,让学生能够切身体会何为"核心概念";整合阶段则

---

[1] 王瑛.小学数学预习型微课设计探析[J].福建教育学院学报,2021(6):90-92.

是考量学生的思维能力,如何将具象的表达回归抽象的概念理解,同时又能总结规律、提炼观点、整合知识点,这一步是实现学生深入理解核心概念的关键。

教师对数学的深刻理解是为了帮助学生更好地理解数学,这是教学的核心目标,主要通过课堂教学来实现。教学设计是课堂教学的基石,对于教师构建数学知识发展过程的框架、设计问题引导学生理解数学概念至关重要,是提高课堂教学质量的重要因素。教学设计首先应从分析数学概念的核心出发,明确教学的关键点;其次根据教学重点和学生的思维发展需求,确定当前教学阶段的目标;再次分析实现这些目标所需的条件和必要的新条件,诊断教学问题,并基于这些分析,设计教学过程;最后进行目标达成度的评估设计。在整个教学设计过程中,深入解析内容、明确设定目标、准确诊断教学问题是至关重要的环节。

第三节 学习评价:缺乏对数学核心概念的学习路径复盘与总结

一、数学核心概念的学习路径

根据对学生的调查,合作学习被广泛认为是获取数学核心概念的关键。通过合作探究,学生的创新意识和实际操作技能得到了提升,而且在小组讨论中积极表达自己的观点有助于提高数学语言能力。然而,在当前的教学实践中,仍有部分学生未能积极参与小组讨论,面对问题时倾向于独立思考而非与他人交流,这可能导致问题长时间未得到解决,从而影响学习效率。长期下去,这种情况可能会对学生的知识掌握造成负面影响,削弱学生的自信心,抑制学习动力,未能充分体现合作学习的优势。

此外,知识应当是动态的、应用导向的,数学概念的迁移应用是解决实际问题的关键,这有助于推动深度学习,展现数学的实用价值。调查显示,尽管大多数学生在遇到相似的数学概念时能够进行学习方式的迁移,但不少学生未能将数学概念与现实生活相结合,未能灵活运用数学概念,解决实际问题的能力有限,缺乏必要的迁移创新能力。为了克服当前学习过程中遇到的难题,可以通过以下途径对核心概念的学习过程进行改进和优化。

(一)情境化设计培养学生数学视角

数学视角指的是从数学的角度将现实世界的具体问题抽象化,转化为数学问题,并运用数学工具进行解决。学生能够对具体问题进行抽象分析是形成数学视角的基础。数学的核心概念具有高度的抽象性,这种抽象性涉及从具体现象中提炼数学的本质、原则和规律,是激活学生数学思维的重要一环。通过将数学概念和知识应用于实际情境,教师可以帮助学生更深入地理解数学核心概念。在初中数学教学中,设计情境化的学习任务能够促进学生对抽象数学知识的理解和应用,从而提升他们分析和解决问题的能力,使他们能够更有效地应对日常生活中的数学问题。

将生活中的问题设计成教学过程中的情境不是简单照搬,而是需要教师有丰富的生活经验及联想能力。要精准选择那些与问题密切相关的场景,且这个场景能够激发学生的参与兴趣和思维能力。比如,教师在教授几何问题时,可以借助立体模型甚至实地考察,帮助学生掌握几何图形与空间的关系。学生在观察的过程中,既能感受到几何的抽象概念,又能将几何图形与实际运用结合起来。让学生意识到抽象概念的学习其实与生活息息相关,掌握相关的知识、原理、规律等就可以将这种看似"不食人间烟火"的知识转化为生活中的种种技巧,甚至激发学生的建模思维,这对学生今后的发展大有助益。[1]如果在情境化学习过程中适当运用跨学科的知识,则可以更

---

[1] 牛宝安.基于核心素养下的高中数学概念教学研究[J].中学课程辅导,2023(6):126-128.

大程度地提高学生的综合素养。这不仅是当下跨学科教学研究的焦点,还是在课堂教学中行之有效的教学策略之一。总而言之,不管是项目式学习、小组合作,还是跨学科教学,其重点都是指向学生的核心素养,这也是当下教育最为关切的目标之一。

(二)结构化整合激活学生数学思维

问卷调查及访谈结果显示,多数学生对如何整合知识点、如何建构知识体系仍然感到困惑。核心概念的固有属性意味着核心概念本身就是知识结构体系的关键节点,所以掌握核心概念实质上就是把握知识体系的各个节点。不管是同一数学主题的不同知识,还是不同数学主题的知识,核心概念都是打通知识壁垒的钥匙。核心概念可以衍生子概念,这是不同学者公认的事实。那么学生加深对核心概念的理解,就可以有效地构建知识结构框架,把碎片化的知识点整理成不同的知识点集合。学生运用逻辑思维能力,从知识点的识别、归纳、分类,再到知识点的整合、拓展、衍生,形成系统性思维能力。在此过程中,学生可以独立完成,也可以寻求合作或者教师指导等方式,无论哪种途径,都旨在提升学生的数学思维能力,将复杂的问题梳理成条理清晰的思维导图,这就是结构化整合所带来的优势。

中学数学教材的编排原则主要是基于学科知识点的考量,以单元模式作为教材的主要分类形式是对学生知识习得和技能训练的侧重。所以,在单元学习的过程中,有时会觉得比较顺畅统一,有时会觉得知识点结构有所缺失。[1]所以,这一部分的"缺失"就需要教师来"弥补"。所谓的弥补实际上就是教师需要对单元知识结构有清晰明确的认识[2]。教师需要理解每个单元模块所要实现的教学目标、蕴含的知识点以及不同单元模块之间的联系。教师可以根据知识点的属性,整合或者切割原有的单元结构,将同类知识点

---

[1] 杨明媚.跨越盲区:重构小学数学单元整体设计[J].中国教育学刊,2022(5):92-95.
[2] 胡晓敏.以大概念为统领设计结构化单元教学[N].中国社会科学报,2023-02-03(4).

或者同主题知识点系统整合,以确保知识结构的完整性。换言之,教材的单元设计可以根据教学实际情况做出调整,便于学生知识理解的连贯性。[①]此外,教师要对重新整合的知识结构进行讲解,帮助学生梳理知识点,形成知识框架,完善知识结构。这种打破原有课程布局授课的方式,也可以锻炼学生的自主思考能力和问题意识,让学生在今后的学习过程中也能主动整合知识点,培养系统化的学习理念和意识。

课堂教学中要树立一个基本原则,那就是核心概念引领教学实践。教师在核心概念的教学过程中,要引导学生自主答疑解惑,培养学生的问题意识和解决问题的能力。以问题作为切入点,让每堂课都有探究的氛围。紧接着,教师协同学生梳理解决问题的思路、探究达成目标的方法,鼓励学生用数学语言表达、用数学符号讲解。最后,教师要鼓励学生去验证自己的猜想和假设,这一过程既能培养学生的建模思维,又能让学生意识到数学或者说所有科学课程的严谨性。审慎思考、大胆猜想、小心求证,最后勇敢表达,超越以往课堂侧重知识传授的模式,将达到预期之外的效果。

(三)分组式讨论鼓励学生合作学习

分组式讨论的学习模式能够从多角度提升学生的能力。首先,通过创设情境、分组讨论,可以让每个学生都参与到学习探究中来。以往的教学中有些教师也意识到,不是所有的学生都喜欢在班级同学面前表达自我,另一些学生虽然积极,但在全班形式的讨论中容易走神或者缺少参与感。而小组合作的学习方式,能够让每个学生找到适合自己的角色,充分发挥自己的优势,提升每个人的参与感。其次,小组合作能够培养学生的团队意识和团队责任。每个人既要对自己负责,又要对小组成员负责。在这个过程中,责任意识会一直萦绕其中,那么如何与人沟通、如何分工合作、如何分享信息成为训练的一部分。每一次合作都是沟通技巧的提升,也是集体责任感、认

---

① 伍海霞.基于核心素养的小学数学大单元教学策略探析[J].天津教育,2023(8):98-100.

同感和团队情感的提升。①最后,小组合作也是培养学生问题意识和探究意识的过程。小组合作探究有别于以往知识的传授,而是让学生通过拓展思维、头脑风暴等方式不断寻求目标实现的自我满足的过程。在这期间,学生的每一次发现都属于自我成就和小组成就,这种自我价值的体现会加深学生对知识的记忆和理解。

(四)反馈性表述提升数学表达能力

所谓的反馈性表述指的就是学生在知识习得之后,能够用数学语言进行描述和解读。其中包括运用数学术语表达、用数学概念记录、用数学符号展示等。②数学符号或者说数学语言运用的意义在于,能够精准描述某一概念,比如数量、运动、大小等,将生活中的各种现象以科学的语言去定义。这种表述是基于学生对核心概念的理解之上的,所以用数学语言反馈其实是对学生核心概念掌握情况的检测。从学生的语言反馈中就可以感受到学生是否真的理解某一概念或者说是否真的建立起理论和实践的关系。

数学语言是学生表达数学思想和观点的关键工具。通过学习专业的数学术语和表达方式,学生能够更准确地描述和表达数学概念。以往教学过程中,我们对数学知识习得的评价更多反映在解题思路上,也就是说,对数学的实践应用更关注于"写"这一层面,"说数学"似乎不太被视为学生必须具有的能力。但是据本研究发现,"说数学"是一种比较直观的感受学生知识结构的方法。因此,教师应该搭建这样一个"说出来"的平台,鼓励学生进行数学语言的表述,创设一个平等交流的机会。这样的表达方式首先要求教师明确语言表达的规范性,通过示例解读规则、确定标准。③其次,教师要

---

① 祝登峰,曹世童.核心素养下高中数学概念课教学方法浅述[J].考试周刊,2022(45):100-103.
② 马云鹏.聚焦核心概念 落实核心素养:《义务教育数学课程标准(2022年版)》内容结构化分析[J].课程·教材·教法,2022,42(6):35-44.
③ 贾丽丽.核心素养视域下的高中数学概念教学新探[J].数理天地(高中版),2022(21):52-54.

选择合适的模式,比如演讲或者赛课等,让学生在适当的主题下能够有合适的方法去表达自己的观点,提升数学语言的感知能力。最后,教师要鼓励学生提出猜想和假设。能够用数学语言来表述意味着知识的理解,而提出假设则意味着知识的创生。此外,还应该从中看到学生的思考过程和思维逻辑能力,这是对反馈性表述的进阶要求。

在"说数学"活动结束后,教师要对学生的表达进行反馈和评价。评价的重点在于今后学生数学语言表述的提升。因此,教师首先要做的就是鼓励学生勇敢表达。其次,在回顾表述的过程中引导学生复盘思考过程,从而梳理知识框架,辅以问题设置,让学生深入思考。这一过程能够培养学生的宏观思维,让学生学会拎框架、搭设计、建结构。同时,要注意提醒学生学会反思,认识到自己是否存在模糊不清的表述,是什么导致的,进而发现自己对知识点掌握的薄弱之处。

二、数学核心概念的认知升华

在初中数学教学中,核心概念的作用之一是加深学生对数学符号的理解和认识。这种理解和认识是一种循序渐进的过程,学生在义务教育阶段对数学符号的理解是由简到难、由低到高、由具象到抽象的变化过程,这一过程具有明显的阶次属性。这一发展和形成过程是长期的,学生学段的每一次变化,知识水平的每一次积累,其数学符号意识的水平也会发生变化,有些时候甚至是飞速提升。在不同的年级或者学段,学生的数学符号意识都是具象和抽象的融合,这种融合中,两者的主次关系及难易程度会随着学生年级的不同和智力水平的提升呈现不同的组合方式。

对于低年级学生而言,他们的数学符号意识很大程度上与具体事物相关联,要他们识别出关键和本质的要素通常是具有挑战性的。相比之下,高年级学生能够更清晰地区分数学符号中的本质与非本质、主要与次要特征,并能够自主进行逻辑推理和论证。这种发展可以明确地划分为四个不同的水平层次,如图 2-1 所示。

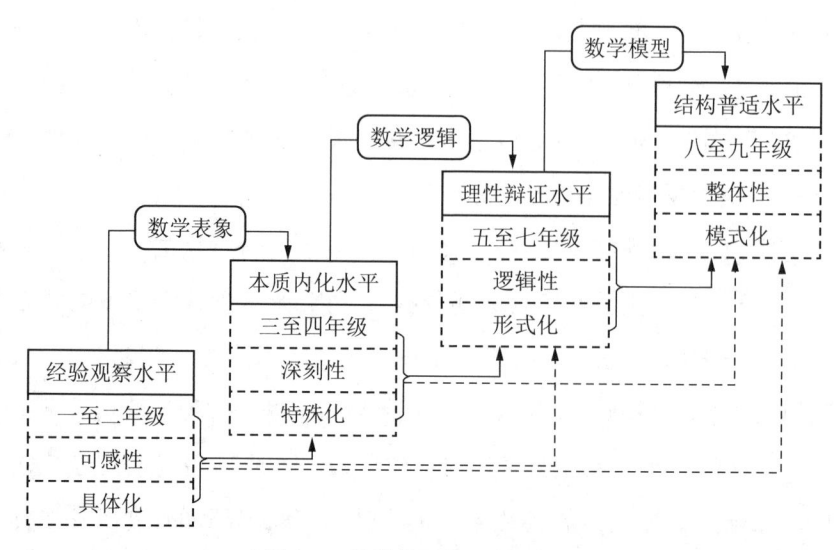

图 2-1 数学符号认知发展水平

(一) 从经验观察水平到本质内化水平

在数学学习中,从依赖具体经验的观察到实现数学概念的本质内化,数学表象扮演着至关重要的角色。数学直观是指基于数学表象的、具有一定真实性的形象,它与实际物体相似但更为抽象。数学表象是通过对客观事物的外部形态及其结构特征进行概括而形成的理念形象。例如,通过观察篮球、排球、足球和乒乓球等球类的空间结构,我们可以抽象出球体的数学表象。数学表象的形成基于数学感知,学生的感知经验越丰富,数学表象的构建就越牢固。在构建数学表象时,可以利用具体的物体原型或几何图形、代数结构,这些元素可以进一步细分为图形表象(几何型)和图式表象(代数型)。

列宁曾指出:"从生动的直观到抽象的思维,再从抽象的思维到实践,这是认识真理、认识客观实在的辩证方法。"[1]毛泽东也提到:"一切比较完全的知识都由两个阶段构成:第一阶段是感性知识,第二阶段是理性知识,理性

---

[1] 列宁选集:第 38 卷[M].北京:人民出版社,1972:181.

知识是感性知识的高级发展阶段。"[①]数学符号意识的培养是一个逐步演进的过程,与数学表象的作用紧密相关。数学表象作为连接外部数学符号和学生内心数学知识结构的桥梁,不仅促进了学生对数学符号从直观感知到深层次理解的转变,也帮助学生从具体经验上升到抽象思维。在数学学习的过程中,学生通过重复和恰当地使用数学表象,使得数学符号的内在含义逐渐明确,这有助于加深和稳固学生的数学符号意识。同时,学生对数学的情感态度与数学符号意识之间相互联系,一个积极的数学情感态度能够有效地激发和维持学生对数学符号意识的兴趣和认识。

(二)从本质内化水平到理性辩证水平

在数学学习的旅途中,数学直觉在促进学生从数学概念的内化到理性辩证思维的过渡中扮演着关键角色。古希腊数学家泰勒斯(Thales)因引入了命题证明的概念而对数学进步做出了革命性的贡献,这一变革在数学史上具有里程碑意义。通过采纳逻辑证明,数学命题的准确性得到保障,其说服力得到增强,数学定理之间的逻辑链条被清晰地勾画出来,为数学构建了一个严密的逻辑体系。庞加莱(Poincaré)指出:"逻辑为证明之器,直觉为发现之器,无直觉则数学家无创造性之思。"富克斯(Fuchs)亦认为,重大的科学发现往往源自直觉而非逻辑规则。克莱因(Klein)将直觉的确实性比作太阳,而将逻辑的确实性比作月亮。

数学符号的直觉基础根植于数学符号的组合和数学直观感知。数学符号的组合包括了数学概念、规则、方法和公式等元素。例如,学生在学习了长方形面积计算公式 $S=a×b$ 之后,再学习正方形面积计算公式 $S=a×a$ 时,引入了 $a=b$ 的条件,这一变化实质上是对数学符号组合的一次质的飞跃。随着对平行四边形面积计算公式 $S=a×h$ 的学习,学生的数学符号组合进一步得到加强,当学生能够将圆的面积公式 $S=πr^2$ 与平行四边形面积

[①] 毛泽东选集:第3卷[M].北京:人民出版社,1991:774.

公式相联系时,他们的数学符号组合再次发生了深刻的变化。这一系列过程反映了学生基于数学符号对数学知识进行理性认识的逐步深化。

数学直觉建立在数学表象之上,通过概念、判断和推理等形式呈现,是对数学形象进行理性认识的主动反映。在某种程度上,数学直觉可视为数学表象的扩展。海丁(Heyting)是一位数学哲学的直觉主义者,其认为直觉是数学唯一的源泉,它将概念和推理直接呈现于我们眼前。[1]波利亚(Polya)认为,数学教学的目标是引导学生达到直觉的阶段,数学直觉不仅是数学证明的基础,也是学生达到数学符号意识理性辩证水平的关键。

(三)从理性辩证水平到结构普适水平

在数学学习的进阶中,从理性辩证水平到结构普适水平,符号模式扮演着至关重要的角色。符号模式主要体现在将实际问题通过数学符号进行表达和符号化,即将现实情境抽象为数学问题的过程。这一过程涉及数学符号之间的转换,如代表变量间关系的字母、代数表达式、几何图形、表格等。采用多样化的符号形式来描述和展现问题,不仅是一种有效的数学对象表达方法,而且能够促进学生对数学概念及其背景的深入理解。我们已了解,数学符号意识的结构普适水平涉及使用数学模型来解决问题,而解决问题的首要步骤是对现实问题进行符号化表达,随后选择合适的算法进行数学运算,最终解决问题,这一过程是从问题的起点到解决目标的思维进展。[2]

符号模式是用数学思维分析实际问题中的数量关系的过程,它反映了学生对实际问题中信息的压缩和加工方式,数学符号的使用使得数学思维更加流畅和活跃。[3]符号模式是一种应用模式,它源于人的思维活动,与数学符号的理解、运算、推理、抽象和表达紧密相关,脱离了思维活动的符号模式

---

[1] Heyting A.数学的基础、直觉主义与证明论[M]//S.C.克林.元数学导论.莫绍揆,译.北京:科学出版社,1984.

[2] 王成营,陈佑清.试论符号意义获得能力及其培养:以数学教学为例[J].全球教育展望,2012(7):91-96.

[3] 张广祥,张奠宙.代数教学中的模式直观[J].数学教育学报,2006(1):1-4.

是无意义的。数学符号对问题和解决方法的表征是通过命题符号构建的符号序列。利用符号模式达到数学符号意识结构普适水平的关键在于运用数学符号思维确定问题解决的策略,通过将问题的条件与结论相联系,在符号化过程中构建由数学命题组成的逻辑链条,探索数学符号与问题表达、解题策略、答案解释之间的联系。例如,从初中学生开始使用字母表示数值,甚至小学生通过列方程解决应用题时,就开始逐步理解"不定元"的概念。"不定元"最初作为"未知量"出现,尽管具有未知的特性,但我们仍可以通过与它代表的已知量相同类型的量来理解它。① 从理性辩证水平到结构普适水平的关键转变在于,学生能够通过数学视角观察和理解现实生活中的事件,并使用数学符号来描述和分析这些事件,最终利用得到的结果来阐释这些事件。

---

① 张广祥,李文林.形式符号运算的认识论价值[J].数学教育学报,2007(4):5-8.

第二部分

初中数学核心概念学习进阶的评价框架

第三章 初中数学核心概念学习进阶的解构与建构

第一节 初中数学核心概念学习进阶的解构

《义务教育数学课程标准(2022年版)》对七至九年级的初中数学课程内容进行了模块化划分,具体分为"数与代数""图形与几何""统计与概率""综合与实践"四大领域,并在这些领域下进行了细分。在"图形与几何"模块中,"图形的变化"作为一个关键主题,而在"数与代数"模块中,"函数"扮演着核心角色,"概率"则是"统计与概率"模块的核心内容。在教学实践中,"图形的变化""函数"和"概率"这三个核心概念都是八年级和九年级数学课程中的难点,它们在初中数学教学中占有重要地位,并共同体现了数学教育的深远价值。

本研究从数学知识体系及其核心概念的价值出发,结合学生的学习和认知发展,以及课程标准、教材内容和教学实践的视角,对初中数学的三个核心概念——"图形的变化""函数"和"概率"进行了深入分析。本研究旨在解构这些核心概念,明确其子概念,并基于此构建初中数学核心概念的学习进阶框架,以促进学生深入理解这些数学概念和提高应用能力。

一、"图形的变化"核心概念的解构

(一)数学学科知识本体角度

几何学的核心在于分析和理解几何图形的本质属性及其结构组成。属

性是图形独有的特征,它不仅区分了不同图形,而且体现在图形的基本组成要素(例如点、线、面、体)之间的稳定关系上。通过这些属性,我们可以确定一个图形是否属于某个特定的几何类别。而图形的构成则关联到其内部要素的相互作用及其与外部图形的联系。传统的平面几何教学多以欧几里得《几何原本》为蓝本,通过直观感知帮助学生对图形特性有所认识,并运用思维工具如概念界定、判断和逻辑推理,通过归纳、类比、演绎、分析和综合等方法,对图形进行深入研究,抽象出图形的关键特征和本质属性,进而形成相关概念和性质。这种侧重逻辑推理的学习方式对智力发展要求较高,也是平面几何被看作数学学习的一个关键阶段的原因。在 21 世纪初期的课程改革中,"图形的变化"被强调为平面几何课程的一个关键主题,涉及内容包括全等变换(例如反射、旋转、平移)、相似性、投影等。"图形的变化"作为初中数学"图形与几何"领域的核心主题,对初中几何教学极为关键。但是,由于其内容的广泛性和图形动态变化概念的抽象性,学生在学习这一主题时经常遇到难题。

(二)几何观的价值角度

从几何观念的价值角度来看,"图形的变化"的核心在于"变化"。德国数学家克莱因曾指出,平面几何学是研究平面图形在运动和变化中的不变性质和不变量的科学。这些不变性质和不变量是我们研究几何图形性质的基本出发点。引入"图形的变化"改变了以往仅从静态角度研究几何的方法,通过变换的视角统一了几何学的研究。学生通过学习图形的变化,可以从整体的运动和变化角度重新认识几何学。这一过程不仅包含了数形结合、转换与化归、分类讨论、建模等基本数学思想,而且通过观察图形变换,学生能够吸收转化思想,培养几何直觉。利用变换的转化思想,可以将复杂的几何问题转化为更熟悉的问题,从而解决问题。此外,"图形的变化"在计算机图像处理、游戏开发等领域有着广泛的应用,其研究策略和方法具有显著的价值。

(三)学生学习和认知发展角度

从学生学习和认知发展的角度来看,"图形的变化"领域主要旨在培养学生的空间观念、几何直观、抽象能力和推理能力。在小学阶段，学生可以将生活中的实物作为观测样本，通过现实中的图形来直观感知理解旋转、对称等概念，逐渐形成空间意识和空间概念。到了初中阶段，学生对图形知识理解的重点就变成了规律的探究。以前不变的图形开始变化，以前具象化的实物开始抽象，这就要求学生能够掌握变化的规律或者不变的属性，培养推理能力和空间思维能力。在高中教育阶段，学生通过向量和矩阵的概念来理解平面向量的投影以及空间中的等距变换。这一学习过程不仅清晰地揭示了学生在几何思维和数学核心素养方面的逐步提升，而且体现了学生认知发展的层次性和学习的连贯性。

依据《义务教育数学课程标准（2022年版）》，学生通过学习图形与几何领域的知识，能够在已有的空间观念基础上进一步发展几何直观感知，并增强其抽象思维与逻辑推理的技能。特别地，"图形的变化"部分着重于通过图形的运动与变化来探究其特性，这包括理解图形在经历轴对称、旋转和平移等变换时的规律及其保持不变的性质。在初中阶段，即七至九年级的教学中，这些概念是数学课程的重点内容。"图形的变化"主要包括轴对称、旋转、平移、相似和投影五个部分。其内容要求与学业要求见表3-1。

表3-1 数学课程标准中关于"图形的变化"的内容要求与学业要求（七至九年级）

内容要求	学业要求		
	图形的运动	相似	投影
（1）轴对称 （2）旋转 （3）平移 （4）相似 （5）投影	理解轴对称、旋转、平移这三类基本的图形运动，知道三类运动的基本特征，会用图形的运动认识、理解和表达现实世界中相应的现象；理解几何图形的对称性，感悟现实世界中的对称美，知道可以用数学的语言表达对称。	知道直角三角形的边角关系，理解锐角三角函数，能用锐角三角函数解决简单的实际问题；了解图形相似的意义，会判断简单的相似三角形。	经历从不同角度观察立体图形的过程，知道简单立体图形的侧面展开图。

进一步地，通过分析初中数学教材，"图形的变化"作为教学内容在人教版教材和沪教版教材中均从七年级延续至九年级，具体的章节安排详见表

3-2。两个版本的教材在内容结构上呈现若干差异,主要表现在:一是人教版教材将相关主题分布在六个章节中,而沪教版教材则将其集中在四个章节内,沪教版七年级教材中以第十一章专门介绍三种基本的图形运动,而人教版教材则将相似内容分散在三个年级的教材中;二是在处理"图形的相似"这一主题时,两版教材采取了不同的策略,沪教版教材将"相似三角形"作为重点,并单独设立章节进行深入探讨,相比之下,人教版教材将"相似三角形"作为"相似"这章中的一个部分。

表3-2 沪教版教材与人教版教材关于"图形的变化"的章节设置

沪教版教材	人教版教材
(七年级第一学期)第十一章 图形的运动 11.1 平移 11.2 旋转 11.3 旋转对称图形与中心对称图形 11.4 中心对称 11.5 翻折与轴对称图形 11.6 轴对称	(七年级下册)第五章 相交线与平行线 5.4 平移
(八年级第一学期)第十九章 几何证明 19.4 线段的垂直平分线 19.5 角的平分线 19.6 轨迹	(八年级上册)第十三章 轴对称 13.1 轴对称 13.2 画轴对称图形 13.3 等腰三角形 13.4 课题学习 最短路径问题
(九年级第一学期)第二十四章 相似三角形 24.1 放缩与相似形 24.2 比例线段 24.3 三角形一边的平行线 24.4 相似三角形的判定 24.5 相似三角形的性质 第二十五章 锐角的三角比 25.1 锐角的三角比的意义 25.2 求锐角的三角比的值 25.3 解直角三角形 25.4 解直角三角形的应用	(九年级上册)第二十三章 旋转 23.1 图形的旋转 23.2 中心对称 23.3 课题学习 图案设计 (九年级下册)第二十七章 相似 27.1 图形的相似 27.2 相似三角形 27.3 位似 第二十八章 锐角三角函数 28.1 锐角三角函数 28.2 解直角三角形及其应用 第二十九章 投影与视图 29.1 投影 29.2 三视图 29.3 课题学习 制作立体模型

在"图形的变化"的教学中,教师通常指导学生从图形变换的视角来观察图形的构成,运用变换思想来分析图形内部元素之间的关系以及图形间的相互作用。教学中强调从定性和定量两个维度来探究几何图形的结构与特性。学生在这一学习过程中,将演绎推理、图形的运动变化以及量化分析相结合,这有助于学生在已有的空间观念基础上进一步发展几何直观,增强其抽象思维和逻辑推理能力。

二、"函数"核心概念的解构

(一)数学学科知识本体角度

函数是表达变量间相互关系的关键数学工具。在中国近代数学家李善兰翻译的《代数学》中,函数被阐释为"变数中蕴含其他变数的表达"。函数包含三个基本要素:定义域、值域和对应法则。在初中数学教育中,函数的概念和应用较为基础。例如,初中阶段不特别强调"值域",而是侧重于在特定情况下计算函数的值。高中阶段的"定义域"在初中阶段则通常被描述为"自变量的取值范围",而"法则"则通过"变量间的数量关系"来简化理解。函数的表达方式多样,初中阶段重点掌握的三种形式为表格、图形和解析式,其中解析式在后续学习中探讨最多。函数是初中数学中的新知识点,它标志着学生从小学的恒量数学向变量数学的转变,这对学生的数学思维是一次质的飞跃。函数学习还包含了初中数学中的许多重要思想,与方程和不等式紧密相关,因此在"数与代数"课程中占据核心地位。

(二)函数思维的价值角度

从函数思维的价值角度出发,函数的学习在学生的数学教育旅程中扮演着关键角色,它象征着学生数学思维从恒定值向变量的演变。函数作为一种数学模型,不仅在数学领域内,而且在物理、化学等科学领域以及市场管理、生产规划等实际生活场景中都有着广泛的应用,这体现了其在社会实践中的实用价值。因此,深入探究函数的教学策略和方法,以及如何培养学生的函数思维,对于揭示数学知识与现实世界之间的联系具有重要意义。通过这种方式,学生可以更好地理解数学的实际应用,并认识到数学不仅是一套抽象的符号和规则,而且是一种强有力的工具,能够解决现实世界中的问题。

(三)学生学习和认知发展角度

从学生学习和认知发展的角度来看,初中是学生认识函数的起点。学生在高中阶段将更加深入学习函数知识,从映射的角度进一步理解函数概念,这一过程是螺旋上升的,需要扎实的初中数学基础。学生在高中还将学习幂函数、指数函数、对数函数、三角函数等,更加注重深入探讨函数图像的研究和性质。在高中数学课程中,函数是一条主线,与许多知识点紧密相连,而大学课程中对函数的要求更高。因此,初中阶段的函数教学应打好基础,帮助学生从根本上理解函数概念。

根据《义务教育数学课程标准(2022年版)》,初中数学在数与代数方面的教学目标是培养学生的抽象思维、逻辑推理和模型构建能力,同时提升他们的几何直觉和计算技能。该标准特别指出,"函数"概念的核心在于探究变量间的相互关系,解析事物变化的规律,并通过函数的视角来理解和掌握方程与不等式。该标准中关于"函数"的内容要求与学业要求见表3-3。

进一步地,通过分析初中数学教材,"函数"这一主题分别安排在人教版教材八年级下册和九年级,以及沪教版教材八年级和九年级第一学期。两个版本的教材都选择将函数内容分为三个主要章节,但在内容的具体安排和章节顺序上存在差异。沪教版教材将正比例函数和反比例函数编为一章进行介绍,而人教版教材则将反比例函数单设一章(详见表3-4)。

在教学实践中,"函数"不仅包含了丰富的数学思想和方法,如函数思想、数形结合、模型构建和方程求解等,还涉及多种数学核心素养,包括抽象思维、模型观念、运算技能和逻辑推理等。在教授"函数"时,教师应重视对基础概念的透彻讲解,并通过数形结合和实际应用案例来提升学生的学习兴趣和数学素养。此外,通过采用单元教学法,利用其整体性和动态性特点,可以有效地补充传统教学方法在培养学生数学核心素养方面的不足。

表 3-3　数学课程标准中关于"函数"的内容要求与学业要求(七至九年级)

内容要求	学业要求
函数的概念	能识别简单实际问题中的常量、变量及其意义,并能找出变量之间的数量关系及变化规律,形成初步的抽象能力;了解函数的概念和表示法,能举出函数的实例,初步形成模型观念;能用适当的函数表示法刻画简单实际问题中变量之间的关系,理解函数值的意义;能确定简单实际问题中函数自变量的取值范围,并会求函数值;能根据函数图象分析出实际问题中变量的信息,发现变量间的变化规律;能结合函数图象对简单实际问题中的函数关系进行分析,结合对函数关系的分析,能对变量的变化趋势进行初步推测。
一次函数	能根据简单实际问题中的已知条件确定一次函数的表达式;会在不同问题情境中运用待定系数法确定一次函数的表达式;会画出一次函数的图象;会根据一次函数的表达式求其图象与坐标轴的交点坐标;会根据一次函数的图象和表达式 $y=kx+b(k\neq 0)$,探索并理解 k 值的变化对函数图象的影响。认识正比例函数中两个变量之间的对应规律,会结合实例说明正比例函数的意义及变量之间的对应规律。会根据一次函数的图象解释一次函数与二元一次方程的关系;能在实际问题中列出一次函数的表达式,并结合一次函数的图象与表达式的性质等解决简单的实际问题。
二次函数	会通过分析实际问题的情境确定二次函数的表达式,体会二次函数的意义;会用描点法画出二次函数的图象,会利用一些特殊点画出二次函数的草图;通过图象了解二次函数的性质,知道二次函数的系数与图象形状和对称轴的关系。会根据二次函数的表达式求其图象与坐标轴的交点坐标;会用配方法将数字系数的二次函数的表达式化为 $y=a(x-h)^2+k$ 的形式,能由此得出二次函数图象的顶点坐标,说出图象的开口方向,画出图象的对称轴,得出二次函数的最大值或最小值,并能确定相应自变量的值,解决简单的实际问题。知道二次函数和一元二次方程之间的关系,会利用二次函数的图象求一元二次方程的近似解。
反比例函数	结合具体情境用实例体会反比例函数的意义,能根据已知条件确定反比例函数的表达式;会用描点法画出反比例函数的图象;知道当 $k>0$ 和 $k<0$ 时反比例函数 $y=\dfrac{k}{x}(k\neq 0)$ 图象的整体特征;能用反比例函数解决简单的实际问题。

表3-4　沪教版教材与人教版教材关于"函数"的章节设置

沪教版教材	人教版教材
(八年级第一学期)第十八章　正比例函数和反比例函数 18.1　函数的概念 18.2　正比例函数 18.3　反比例函数 18.4　函数的表示法 **(八年级第二学期)第二十章　一次函数** 20.1　一次函数的概念 20.2　一次函数的图像 20.3　一次函数的性质 20.4　一次函数的应用 **(九年级第一学期)第二十六章　二次函数** 26.1　二次函数的概念 26.2　特殊二次函数的图像 26.3　二次函数 $y=ax^2+bx+c$ 的图像	**(八年级下册)第十九章　一次函数** 19.1　函数 19.2　一次函数 19.3　课题学习　选择方案 **(九年级上册)第二十二章　二次函数** 22.1　二次函数的图象和性质 22.2　二次函数与一元二次方程 22.3　实际问题与二次函数 **(九年级下册)第二十六章　反比例函数** 26.1　反比例函数 26.2　实际问题与反比例函数

三、"概率"核心概念的解构

(一)数学学科知识本体角度

数学通常被界定为一门追求确定性的学科,其特性在于从一致的前提出发能够得出相同的结论。然而,实际生活中充满了不确定性,即便是在相同条件下,也不一定能够预测出相同的结果,这种现象被称作随机性事件。概率论作为数学中独树一帜的分支,专注于通过定量方法探究随机事件的内在规律。

(二)概率思维的价值角度

"统计与概率"的应用广泛,横跨经济、医疗等多个领域。例如,在股市投资中,投资者依据过往数据的统计分析来预测市场动向,以此作为交易的依据。在农业生产中,如鸡苗孵化,利用统计与概率的方法来优化孵化环境,以提升孵化的效率和品质。统计学的知识同样渗透到我们的消费和采购决策中,其普遍性和重要性促使教育决策者和专家们持续地对相关课程内容进行改进和更新。

（三）学生学习和认知发展角度

从学生学习和认知发展的角度出发，张增杰及其团队对学生在概率概念认知方面的发展进行了深入研究。① 研究团队首先考察了5至15岁儿童对于事件可能性、随机分布、可能性比较以及概率量化等概率概念的认知发展。研究发现，在理解事件的可能性和随机性方面，儿童表现出较强的认知能力，然而在概率的量化方面则存在一定的挑战。这反映出儿童对概率概念的认知是逐步深入的，他们从基本的事件可能性和随机分布开始，逐步过渡到更复杂的比较和量化概率的认知。根据义务教育阶段数学课程标准，统计与概率的学习有助于学生从不确定性的角度理解世界，并通过数据分析来认识现实世界，这对于培养学生的数据意识和模型思维至关重要。《义务教育数学课程标准（2022年版）》对"概率"部分的内容要求与学业要求进行了明确规定，具体内容可参见表3-5。

表3-5 数学课程标准中关于"概率"的内容要求与学业要求（七至九年级）

内容要求	学业要求
① 能通过列表、画树状图等方法列出简单随机事件所有可能的结果，以及指定随机事件发生的所有可能结果，了解随机事件的概率。 ② 知道通过大量重复试验，可以用频率估计概率。	能描述简单随机事件的特征（可能结果的个数有限，每一个可能结果出现的概率相等），能用列表、画树状图等方法求出简单随机事件所有可能的结果以及指定随机事件发生的所有可能结果，能计算简单随机事件的概率；知道经历大量重复试验，随机事件发生的频率具有稳定性，能用频率估计概率；体会数据的随机性以及概率与统计的关系；能综合运用统计与概率的思维方法解决简单的实际问题。

此外，从初中数学教材的编排来看，"概率初步"在人教版教材九年级上册和沪教版教材八年级第二学期中被作为独立章节介绍。尽管两个版本的教材在内容安排和编排顺序上存在差异，但其核心内容并无本质区别。在教学实践中，教师应重视学生对"理论概率"与"经验概率"的理解，帮助学生

---

① 张增杰,刘范,赵淑文,等.5—15岁儿童掌握概率概念的实验研究：儿童认知发展研究（Ⅱ）[J].心理科学,1985(6):3-8.

掌握随机事件的特点，并学会使用频率估计方法来评估简单随机事件的概率。教学设计应包含多样化的活动和拓展性任务，以丰富教学过程，促进学生的深入理解。

表 3-6 沪教版教材与人教版教材关于"概率"的章节设置

沪教版教材	人教版教材
（八年级第二学期）第二十三章　概率初步 23.1　确定事件和随机事件 23.2　事件发生的可能性 23.3　事件的概率	（九年级上册）第二十五章　概率初步 25.1　随机事件与概率 25.2　用列举法求概率 25.3　用频率估计概率

第二节　初中数学核心概念学习进阶的模型建构

一、"图形的变化"结构图及水平描述

构建"图形的变化"学习进阶模型的核心在于其结构图的建立，该结构图是学习进阶的理论基础。本研究中，"图形的变化"的进阶水平划分主要参照了 ChemQuery 评价体系，并综合考虑了数学学科的认识视角、宏观与微观的表征视角、认知结构的发展以及 SOLO 分类法等因素。在 ChemQuery 评价体系中化学家观念的启发下，本研究创建了 MathQuery 评价系统，该系统将认识水平的心理特质发展维度与知识维度相结合，形成了数学核心概念学习进阶的理论假设（见图 3-1）。通过对广泛文献的分析和整合，本研究得出了 MathQuery 评价体系中各认知水平的特征描述，并据此构建了学习进阶的假设模型。鉴于生成水平对应的认知表现行为需要较高的数学专业水平和素养，本研究未在初中阶段探讨该水平。表 3-7 详细展示了"图形的变化"学习进阶结构图的具体划分与水平描述。基于前述分析，本研究将"图形的变化"划分为"图形的运动""相似"和"投影"三个子概念。其中，"投影"

子概念在进阶水平上有三个阶段,而"图形的运动"和"相似"则各自分为四个进阶水平。

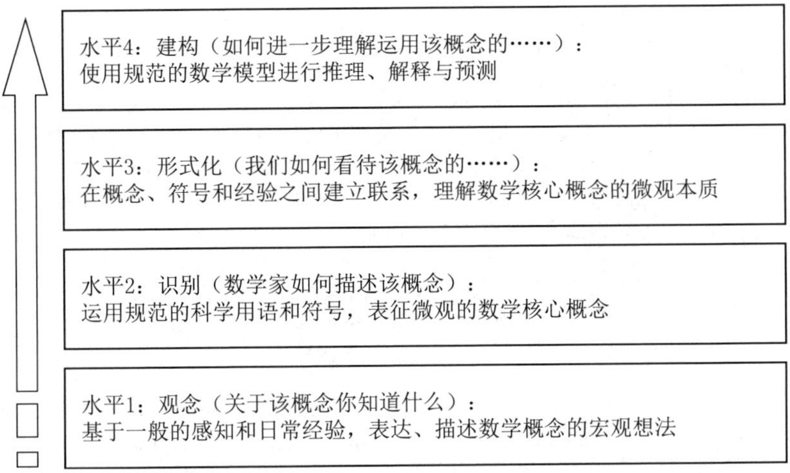

水平4:建构(如何进一步理解运用该概念的……):
使用规范的数学模型进行推理、解释与预测

水平3:形式化(我们如何看待该概念的……):
在概念、符号和经验之间建立联系,理解数学核心概念的微观本质

水平2:识别(数学家如何描述该概念):
运用规范的科学用语和符号,表征微观的数学核心概念

水平1:观念(关于该概念你知道什么):
基于一般的感知和日常经验,表达、描述数学概念的宏观想法

图 3-1　学生数学核心概念学习进阶的结构图

表 3-7　"图形的变化"学习进阶结构图的具体划分与水平描述

"图形的变化"子概念	学习进阶结构图的具体划分与水平描述
图形的运动	水平1:(观念)区分轴对称、平移与旋转:轴对称变换的要素是对称轴,平移变换的要素是平移的方向和距离,旋转变换的三要素是旋转中心、旋转方向和旋转角。
	水平2:(识别)识别轴对称、平移与旋转的基本性质:(1)成轴对称的两个图形中对应点的连线被对称轴垂直平分;(2)一个图形和它经过平移所得的图形中,两组对应点的连线平行(或在同一条直线上)且相等;(3)一个图形和它经过旋转所得到的图形中,对应点到旋转中心距离相等,两组对应点分别与旋转中心连线所成的角相等。
	水平3:(形式化)理解轴对称、平移与旋转的几何应用:成轴对称的两个图形间的关系和轴对称图形(等腰三角形、矩形、菱形、正多边形、圆)的性质(变化中的不变性、不变量);利用中心对称概念和性质探索平面图形的中心对称性质。
	水平4:(建构)综合运用轴对称、旋转、平移研究几何:利用轴对称、旋转、平移的性质解决复杂几何问题,通过作图、演绎方式进行推理计算。

续表

"图形的变化"子概念	学习进阶结构图的具体划分与水平描述
相似	水平1:(观念)相似的基本概念:线段的比、成比例的线段、平行线分线段成比例。
	水平2:(识别)相似三角形的判定定理与性质定理:两角分别相等的两个三角形相似,两边成比例且夹角相等的两个三角形相似,三边成比例的两个三角形相似(判断定理);对应线段的比等于相似比,面积比等于相似比的平方(性质定理)。
	水平3:(形式化)进一步理解相似的应用:利用位似可以将一个图形放大或缩小;利用相似的直角三角形探索锐角三角函数($\sin A$,$\cos A$,$\tan A$)和30°、45°、60°角的三角函数值。
	水平4:(建构)综合运用相似三角形的性质:利用相似三角形的性质解决复杂的几何问题,推导三角形相似,正确理解相应的边角关系。
投影	水平1:(观念)区分中心投影和平行投影:投影线交于一点的是中心投影,投影线相互平行的是平行投影。
	水平2:(识别)识别简单物体的视图:描述直棱柱、圆锥等简单几何体的侧面展开图。
	水平3:(形式化)视图的应用:画直棱柱、圆柱、圆锥、球等简单几何体的主视图、左视图和俯视图。

二、"函数"结构图及水平描述

在构建"函数"的学习进阶模型中,"函数"结构图的制定是核心环节,该图构成了学习进阶的理论基础。对于"二次函数"的进阶水平划分,本研究采用了与"图形的变化"相同的依据,并借鉴了 MathQuery 评价体系,同时融合了数学学科的认识视角、宏观与微观的表征视角、认知结构的发展以及 SOLO 分类法等因素,从而构建了数学核心概念学习进阶的理论假设(见图3-1)。在对广泛文献的分析和总结后,本研究归纳出了 MathQuery 评价体系中不同水平的认知表现特征,并据此提出了学习进阶的假设模型。考虑到达到生成水平的认知表现行为需要较高的数学专业水平和素养,本研究在初中阶段并未包含该水平。表 3-8 详细展示了"函数"学习进阶结构图的具体划分与水平描述。根据前文的分析,"函数"被细分为"变量与函数""一次函数""二次函数""反比例函数"等子概念,每个子概念在进阶过程中可以被划分为 3 个或 4 个水平。

表 3-8 "函数"学习进阶结构图的具体划分与水平描述

"函数"子概念	学习进阶结构图的具体划分与水平描述
变量与函数	水平 1:(观念)区分常量与变量:在某一变化过程中,可以取不同数值的量叫做变量,数值保持不变的量叫做常量。
	水平 2:(识别)函数的识别:函数是两个一次变量构成的"表达式";如果对于 x 的每一个值,y 都有唯一确定的值与它对应,那么就说 x 是自变量,y 是 x 的函数;使函数有意义的自变量的取值全体是自变量的取值范围。
	水平 3:(形式化)函数的表示法:可以用一个含有这两个变量及数字运算符号的等式表示两个变量间的函数关系(解析法);自变量 x 的一系列值和函数 y 的对应值可以列成一个表来表示函数关系(列表法);可以画图表示两个变量间的函数关系(画图法)。
一次函数	水平 1:(观念)区分正比例函数与一次函数:若两个变量 x,y 间的关系式可以表示成 $y=kx+b(k,b$ 为常数,$k\neq 0)$ 的形式,则称 y 是 x 的一次函数(x 为自变量);当 $b=0$ 时,称 y 是 x 的正比例函数。
	水平 2:(识别)利用图像理解一次函数的性质:所有一次函数的图像都是一条直线;k 的正负决定直线的倾斜方向,b 决定直线和 y 轴的交点;当 k,b 异号时,直线与 x 轴正半轴相交,当 $b=0$ 时,直线经过原点,当 k,b 同号时,直线与 x 轴负半轴相交。
	水平 3:(形式化)待定系数法的运用:设定待求函数关系式(其中含有未知常数系数),再根据条件列出方程(或方程组),求出未知系数,从而得到所求结果,其中未知系数也叫待定系数。
二次函数	水平 1:(观念)区分二次函数与一次函数、一元二次方程:形如 $y=ax^2+bx+c(a,b,c$ 是常数,且 $a\neq 0)$ 的函数是二次函数,a,b,c 分别称为二次项系数、一次项系数和常数项;二次函数表示的是一对 (x,y) 之间的关系,有无数对解,一元二次方程表示的是未知数 x 的值,最多只有 2 个值。
	水平 2:(识别)利用图像理解二次函数的性质:二次函数的图像是对称轴与 y 轴平行的抛物线,通过图像确定二次函数的开口、顶点、对称轴、最值、单调性等性质;通过图像进行平移变换,理解图像平移的规律和实质。

续表

"函数"子概念	学习进阶结构图的具体划分与水平描述
二次函数	水平3:(形式化)解析式的运用:通过解析式确定二次函数的性质并根据性质选择合适的解析式,用配方法将二次函数化为顶点式并说出顶点、对称轴、最值等性质,用一般式、顶点式、两点式确定二次函数的解析式。
	水平4:(建构)二次函数的综合问题:根据一元二次方程的根的判别式判断二次函数图像与 x 轴交点的个数,建立二次函数知识与实际问题的联系、构建模型,利用数形结合思想研究一元二次方程中根分布问题;能根据函数图像与一元二次方程之间的关系,解决实际问题。
反比例函数	水平1:(观念)区分正比例函数和反比例函数:形如函数 $y=\dfrac{k}{x}$(k 是常数且 $k\neq0$)的函数是反比例函数,反比例函数的解析式也可以写成 $y=kx^{-1}$ 的形式。
	水平2:(识别)利用图像理解反比例函数的性质:反比例函数的图像是双曲线,分别位于第一、三象限($k>0$)或第二、四象限($k<0$);反比例函数的图像关于直角坐标系的原点成中心对称,或者关于直线 $y=\pm x$ 对称;$|k|$ 越大,图像离原点越远。
	水平3:(形式化)理解反比例函数的几何意义:过双曲线 $y=\dfrac{k}{x}$($k\neq0$)上任意一点 P,作 x 轴、y 轴的垂线。设交点分别为 A、B,则所得矩形 $OAPB$ 的面积(阴影面积)为 $|k|$。
	水平4:(建构)反比例函数的综合问题:判断反比例函数与一次函数、正比例函数的交点,解决反比例函数与一次函数的比大小问题,利用反比例函数构建几何模型,解决实际问题。

三、"概率"结构图及水平描述

因为"概率"在初中阶段的内容不是特别多,所以"概率"在学习进阶模型的建构上有别于"图形的变化"和"函数",主要是以水平划分为主。鉴于达到生成层次所需的认知表现需依赖于较高的数学专业技能和学生素养,本研究并未将其纳入初中阶段的探讨范围。表3-9详细展示了"概率"学习进阶结构图的具体划分与水平描述。

表 3-9 "概率"学习进阶结构图的具体划分与水平描述

"概率"子概念	学习进阶结构图的具体划分与水平描述
概率初步	水平 1:(观念)区分随机事件、必然事件和不可能事件:随机事件可能结果的个数有限,每一个可能结果出现的概率相等。
	水平 2:(识别)识别随机事件:$P(A)$的取值范围为 $0 \leqslant P(A) \leqslant 1$,当 $P(A)=1$ 时,A 为必然事件,当 $P(A)=0$ 时,A 为不可能事件。
	水平 3:(形式化)概率的基本计算:用枚举法、列表法、树状图法求出简单随机事件所有可能的结果以及指定随机事件发生的所有可能结果。
	水平 4:(建构)综合运用概率的思维方法:用频率估计概率,频率(概率)=频数(事件出现的次数)/总数(总次数),体会数据的随机性以及概率与统计的关系。

第四章 初中数学核心概念学习进阶的测量工具开发与测评

第一节 初中数学核心概念学习进阶的测量工具

一、"图形的变化"学习进阶测量工具的编制

本研究基于前文中所建构的"图形的变化"学习进阶模型,以部分中考题

表4-1 "图形的变化"项目分布情况

项目分布	知识内容			能力层次			
	图形的运动	相似	投影	水平1	水平2	水平3	水平4
1	√			√			
2	√			√			
3	√				√		
4			√	√			
5			√	√			
6		√			√		
7		√			√		
8	√					√	
9	√				√		
10	√					√	
11		√				√	
12			√			√	
13		√				√	
14	√				√		
15	√						√

第四章 初中数学核心概念学习进阶的测量工具开发与测评

表4-2 "图形的变化"项目汇总情况

水　平	项　目
水平1	Q1、Q2、Q4、Q5
水平2	Q3、Q6、Q7、Q9、Q11、Q13、Q14
水平3	Q10、Q12
水平4	Q8、Q15

为参考内容,在此基础上编制测量工具,主要包括7个选择题、5个填空题、3个综合应用题,详细的项目分布情况和项目汇总情况见表4-1和表4-2。

二、"函数"学习进阶测量工具的编制

本研究基于前文中建构的"函数"学习进阶模型,以部分中考题为参考内容,在此基础上编制测量工具,主要包括6个选择题、7个填空题、2个综合应用题,详细的项目分布情况和项目汇总情况见表4-3和表4-4。

表4-3 "函数"项目分布情况

项目分布	知识内容				能力层次			
	变量与函数	一次函数	二次函数	反比例函数	水平1	水平2	水平3	水平4
1	√				√			
2		√		√	√			
3		√	√	√		√		
4				√			√	
5	√					√		
6	√					√		
7	√				√			
8						√		
9		√					√	
10			√				√	
11			√		√			
12			√					√
13		√					√	
14						√		
15			√					√

表 4-4 "函数"项目汇总情况

水平	项目
水平 1	Q1、Q2、Q7、Q11
水平 2	Q3、Q5、Q6、Q8、Q14
水平 3	Q4、Q9、Q10、Q13
水平 4	Q12、Q15

三、"概率"学习进阶测量工具的编制

本研究基于前文中建构的"概率"学习进阶模型,以部分中考题为参考内容,在此基础上编制测量工具,主要包括 6 个选择题、3 个填空题、1 个综合应用题,详细的项目分布情况和项目汇总情况见表 4-5 和表 4-6。

表 4-5 "概率"项目分布情况

项目分布	能力层次			
	水平 1	水平 2	水平 3	水平 4
1	√			
2			√	
3		√		
4		√		
5	√			
6			√	
7			√	
8	√			
9			√	
10				√

表 4-6 "概率"项目汇总情况

水平	项目
水平 1	Q1、Q5、Q8
水平 2	Q3、Q4
水平 3	Q2、Q6、Q7、Q9
水平 4	Q10

第二节 初中数学核心概念学习进阶的测评分析

一、研究目的与研究方法

本研究旨在通过自主研发的"图形的变化""函数"及"概率"学习进阶测量工具,探究初三年级学生对这些数学核心概念的掌握和理解情况。研究目的是分析学生在数学核心概念上的认知发展规律,识别学生在不同子概念理解上的差异,并为数学课程的改进、教学实践和评估方法提供参考。在研究对象的选择上,本研究采用分层抽样法,从上海市某区的三所中学选取了初三年级的三个普通平行班级作为样本。所有参与研究的学生均已学习过"图形的变化""函数"和"概率"的相关课程。其中,参与"图形的变化"测试的有效人数为 223 人,参与"二次函数"测试的有效人数为 204 人,参与"概率"测试的有效人数为 221 人。

在研究工具的开发上,本研究基于 MathQuery 评价系统,设计了针对"图形的变化""函数"和"概率"的测量工具。在数据分析方法上,首先对收集到的学生原始数据进行二分制编码,随后使用 Winsteps 软件将其转换为 Rasch 分数,以便进行后续的统计分析。通过定性和定量分析相结合的方式,本研究旨在描述学生在理解"图形的变化""函数"和"概率"这些核心概念过程中的思维进展和认知路径。

二、样本整体数据分析

(一)总体统计分析

根据表 4-7 的数据,在"图形的变化"概念的样本测试中,参与者的能力估计平均分达到 1.76,这表明所设计的测量工具难度适宜。测量工具的误差值为 0.25，反映出该工具有较高的准确性。此外，参与者和测量项目的内在一致性指数（Infit MNSQ 和 Outfit MNSQ）均接近理想理论值 1，而标准差指数（Infit ZSTD 和 Outfit ZSTD）均接近理想理论值 0，这些结果表明参与者和测量项目之间的拟合度极高。项目分离度（7.17＞2）和信度（0.98＞0.7）的数值也表明测量工具的良好性能。

表 4-7 "图形的变化"实测工具整体质量分析

PERSONS	223 INPUT		223 MEASURED		INFIT		OUTFIT	
	SCORE	COUNT	MEASURE	ERROR	IMNSQ	ZSTD	OMNSQ	ZSTD
MEAN	11.0	15.0	1.76	0.93	1.02	0.1	0.90	0.1
S.D.	2.2	0	1.34	0.29	0.48	0.9	1.05	0.7
REAL RMSE	0.97	ADJ.SD	0.93	SEPARATION	0.95	PERSON	RELIABILITY	0.48
ITEMS	15 INPUT		15 MEASURED		INFIT		OUTFIT	
MEAN	166.1	223.0	0	0.25	0.98	0	0.97	0.0
S.D.	52.8	0	1.92	0.09	0.21	2.4	0.58	2.0
REAL RMSE	0.27	ADJ.SD	1.90	SEPARATION	7.17	ITEM	RELIABILITY	0.98

参照表 4-8 的数据，我们可以了解到，在"函数"概念的样本测试中，参与者的能力估计平均分为 2.10，这表明所使用的测量工具在难度上是恰当的。此外，测量工具的误差值为 0.26，显示出较高的精确性。进一步分析显示，参与者和测量项目的内在一致性指数（Infit MNSQ 和 Outfit MNSQ）均接近

表 4-8 "函数"实测工具整体质量分析

PERSONS	204 INPUT		204 MEASURED		INFIT		OUTFIT	
	SCORE	COUNT	MEASURE	ERROR	IMNSQ	ZSTD	OMNSQ	ZSTD
MEAN	11.6	15.0	2.10	1.29	0.93	−0.1	0.97	0
S.D.	2.2	0	1.91	0.95	1.21	0.9	1.65	0.9
REAL RMSE	1.60	ADJ.SD	1.04	SEPARATION	0.65	PERSON	RELIABILITY	0.29
ITEMS	15 INPUT		15 MEASURED		INFIT		OUTFIT	
MEAN	159.7	204.0	0	0.26	1.00	0	1.04	0.1
S.D.	46.0	0	2.21	0.08	0.09	0.7	0.62	0.9
REAL RMSE	0.27	ADJ.SD	2.19	SEPARATION	8.00	ITEM	RELIABILITY	0.98

理想理论值1,而标准差指数(Infit ZSTD 和 Outfit ZSTD)均接近理想理论值0,这表明参与者和测量项目之间的拟合度极高。项目分离度(8.00＞2)和信度(0.98＞0.7)的数值也证实了测量工具的良好性能。

根据表4-9的数据,我们得知在"概率"概念的样本测试中,参与者的能力估计平均分为1.57,这同样表明测量工具的难度设计是合理的。测量工具的误差值为0.25,进一步证实了其精确性。参与者和测量项目的内在一致性指数和标准差指数均与理想理论值相符,显示出很好的拟合度。项目分离度(5.03＞2)和信度(0.96＞0.7)的结果也表明测量工具的良好性能。

表4-9 "概率"实测工具整体质量分析

PERSONS	221 INPUT		221 MEASURED		INFIT		OUTFIT	
	SCORE	COUNT	MEASURE	ERROR	IMNSQ	ZSTD	OMNSQ	ZSTD
MEAN	7.3	10.0	1.57	0.93	1.00	0.1	0.95	0.2
S.D.	1.5	0	1.03	0.16	0.27	0.7	1.17	0.7
REAL RMSE	0.94	ADJ.SD	0.42	SEPARATION	0.44	PERSON	RELIABILITY	0.16
ITEMS	10 INPUT		10 MEASURED		INFIT		OUTFIT	
MEAN	173.3	221.0	0	0.25	1.00	0.1	1.09	0
S.D.	30.5	0	1.44	0.13	0.20	2.4	0.50	2.4
REAL RMSE	0.28	ADJ.SD	1.41	SEPARATION	5.03	ITEM	RELIABILITY	0.96

(二)各项目拟合及误差分析

针对"图形的变化"这一概念,通过分析15个相关项目的难度值、标准误差和项目—模型拟合指数,结果显示难度最高的题目为Q15(4.46),而最简单的题目为Q1(−2.95)。这些题目的难度值覆盖了7.41个Logit单位的范围。项目的误差值介于0.61至0.51之间,显示出测量工具较好的稳定性。所有项目的MNSQ值均在0.7至1.3的合理区间内,尽管部分题目的ZSTD值超出了−2至12的推荐范围,这可能需要进一步调整,并且与样本量有关。

对于"函数"概念，15个项目的难度值、标准误差和项目—模型拟合指数的分析揭示了类似的结果。难度最高的题目为Q15(7.34)，而最简单的题目为Q7(−2.38)，这些题目的难度值覆盖了9.72个Logit单位的范围。项目误差值在0.19至0.47之间，同样显示了测量工具的稳定性。所有项目的MNSQ值均在0.7至1.3的合理区间内，尽管Q10的ZSTD值超出了−2至12的推荐范围，这可能需要进一步调整，并且与样本量有关。

至于"概率"概念，10个项目的难度值、标准误差和项目—模型拟合指数的分析显示，难度最高的题目为Q10(1.7)，最简单的题目为Q1(−2.97)，这些题目的难度值覆盖了4.76个Logit单位的范围。项目误差值在0.19至0.47之间，表明测量工具的稳定性。所有项目的MNSQ值均在0.7至1.3的合理区间内，但部分题目的ZSTD值超出了−2至12的推荐范围，这可能需要进一步调整，并且与样本量有关。

（三）单维性检验

通过图4-1对"图形的变化"概念的单维性检验分析，我们发现在15个项目中，大约66.7%的项目位于−0.5至0.5的区间内，表明这些项目的拟合度是可接受的。然而，也有5个项目未落在该区间，进一步分析表明，Q15这一题目属于较高进阶水平，要求学生能够熟练地运用综合知识来解决问题。至于涉及"投影"的题目，由于沪教版教材内容的差异，这些题目未被充分覆盖，导致学生多依赖直观理解而非系统知识来解答，这可能是它们未落在合理区间的原因之一。

图4-2展示了"函数"概念的单维性检验结果，其中86.7%的项目处于−0.5至0.5的区间内，显示出较好的拟合度。然而，Q12和Q15这两个项目超出了这一范围，分析发现这些题目要求学生具备运用函数综合知识解决问题的能力，这对他们来说是一个挑战。

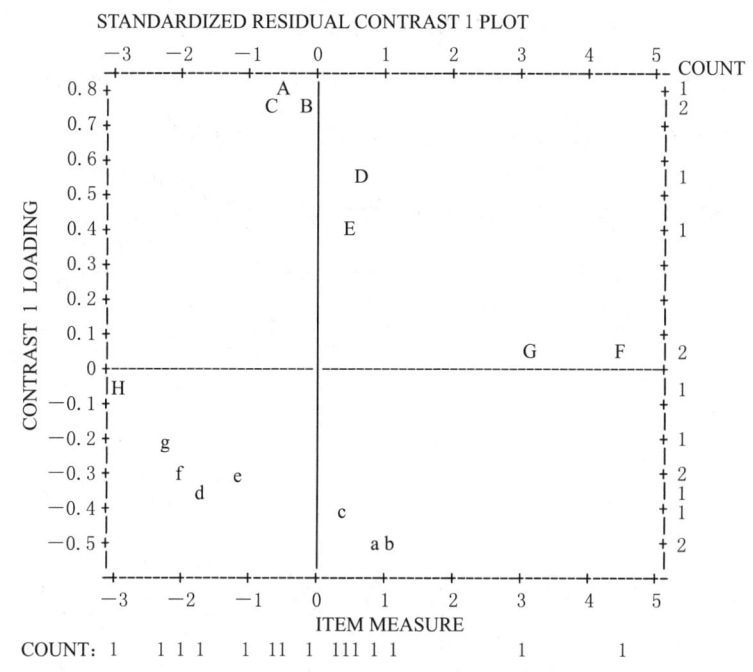

图 4-1 "图形的变化"实测标准残差图

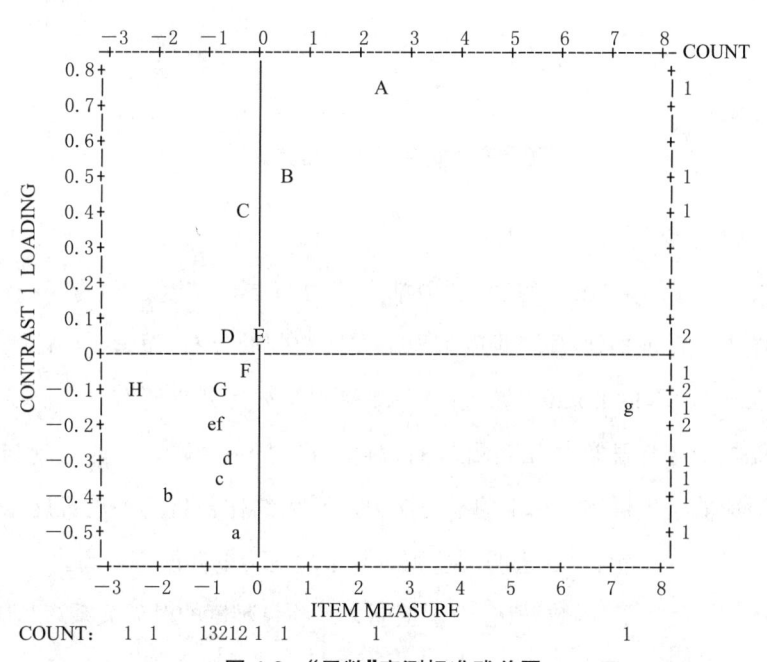

图 4-2 "函数"实测标准残差图

图 4-3 的单维性检验针对"概率"概念,其中 80% 的项目位于 −0.5 至 0.5 的区间内。Q5 和 Q10 这两个项目未落在该区间,分析表明这些题目同样需要学生熟练掌握并应用概率的综合知识,具有一定的难度。

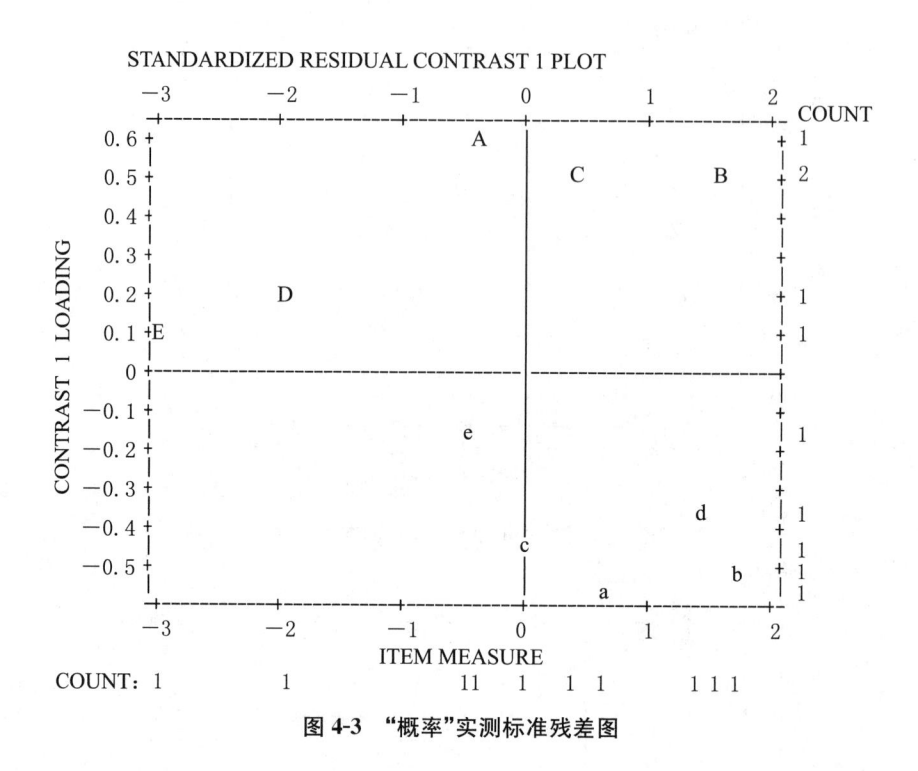

```
           STANDARDIZED RESIDUAL CONTRAST 1 PLOT
              -3       -2       -1        0        1        2
                                                              COUNT
         0.6 +---------+--------+--------+A-------+--------+--+  1
         0.5 +                           |        C       B +  2
  C      0.4 +                           |                  +
  O      0.3 +                           |                  +
  N      0.2 +              D            |                  +  1
  T      0.1 +E                          |                  +
  R      0.0 +---------------------------+------------------+
  A     -0.1 +                           |                  +  1
  S     -0.2 +                           |                  +
  T     -0.3 +                           | e                +
        -0.4 +                           |              d   +  1
    1   -0.5 +                           | c                +  1
                                                      a    b+  1
  L           +---------+--------+--------+--------+--------+--+
  O           -3       -2       -1        0        1        2
  A                              ITEM MEASURE
  D   COUNT:   1         1           11 1   1 1      1 1 1
  I
  N
  G
```

图 4-3 "概率"实测标准残差图

(四)项目被试对应分析

图 4-4 展示了"图形的变化"中学生能力与项目难度之间的匹配情况。从该图中可以观察到,项目难度呈现出大致均匀的分布,而学生的能力主要集中在 −3 至 3 的 Logit 分数范围,Q15 项目除外。几乎所有参与测试的学生都能找到与自身能力相匹配的题目难度,同时,每个题目也能找到与之难度相对应的学生群体。学生的平均能力水平大约比项目的平均难度水平高出 1.76 个 Logit 单位,这表明测量工具与学生能力的匹配度较高。

图 4-5 反映了"函数"概念中学生能力与项目难度的对应关系。与图 4-4 类似,项目难度分布均匀,学生能力集中于 −3 至 3 的 Logit 分数范围,Q15

项目不包括在内。每个学生几乎都能找到难度相匹配的题目,且每道题目也均能找到能力相匹配的学生。学生的平均能力水平大约比项目的平均难度水平高出 2.10 个 Logit 单位,说明测量工具与项目之间的对应关系良好。

图 4-6 描绘了"概率"概念中学生能力与项目难度的匹配情况。项目难度的分布同样均匀,学生的能力分布区间为 -3 至 3 的 Logit 分数范围。每个参与的学生都能够找到与自己能力相适应的题目,反之亦然。学生的平均

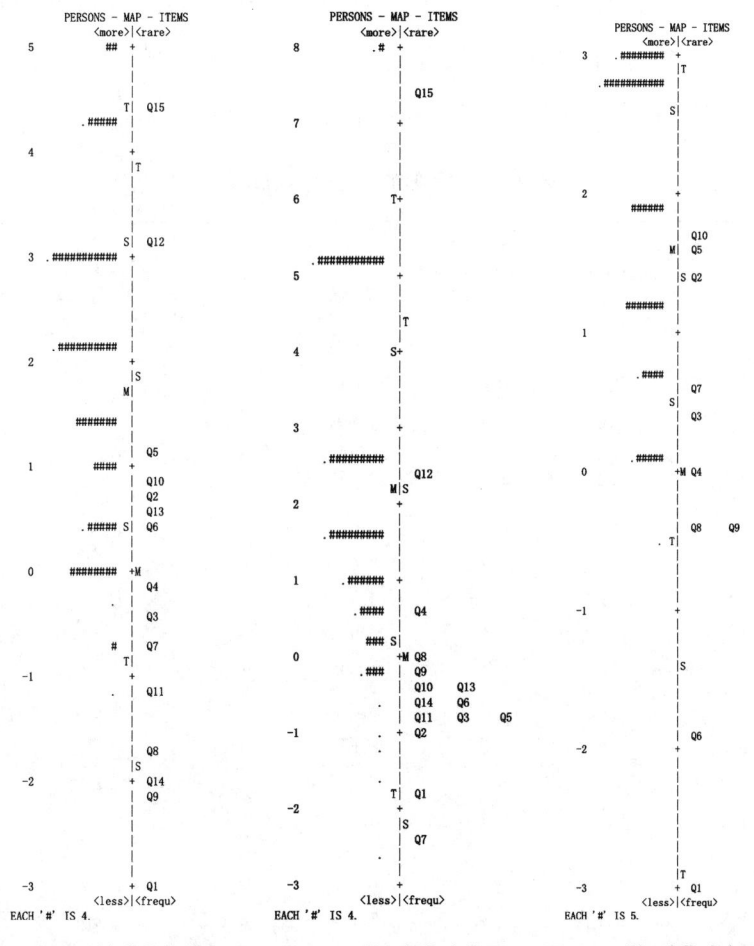

图 4-4 "图形的变化"对应图　　图 4-5 "函数"对应图　　图 4-6 "概率"对应图

能力水平大约比项目的平均难度水平高出 1.57 个 Logit 单位,这同样表明测量工具与项目之间的匹配度是令人满意的。

三、学生测评表现分析

(一)学生学习进阶水平分析

表 4-10 详细列出了"图形的变化"中各个子概念相关题目的难度值、误差和拟合指数。观察数据可以发现,与"相似"相关的题目在样本群体中表现出相对较低的难度值,这表明学生们对这一概念的掌握情况较为理想。相对而言,"图形的运动"(特别是 Q15)和"投影"(Q12)的题目难度较高,这些概念的理解和应用构成了"图形的变化"学习中的难点。

表 4-10 "图形的变化"各项目拟合分析

Item	Measure	Error	Infit IMNSQ	Infit ZSTD	Outfit OMNSQ	Outfit ZSTD
图形的运动						
1	−2.95	0.51	1.01	0.2	2.54	1.7
2	0.67	0.17	1.19	2.4	1.45	2.7
3	−0.48	0.21	0.87	−1.1	0.50	−1.9
8	1.75	0.31	0.92	0.3	0.51	1.0
9	−2.21	0.37	0.95	−0.1	0.80	−0.2
10	0.84	0.17	1.19	2.4	1.45	2.7
14	−1.96	0.34	0.88	−0.4	0.50	−0.9
15	4.46	0.24	0.81	−1.3	0.47	−1.6
相似						
6	0.43	0.17	0.78	−2.9	0.69	−2.0
7	−0.66	0.22	0.87	−1.0	0.50	−1.7
11	−1.08	0.24	0.94	−0.3	0.97	0.1
13	0.55	0.17	0.78	−2.9	0.69	−2.0
投影						
4	−0.17	0.19	0.87	−1.3	0.58	−1.8
5	1.14	0.16	1.58	6.6	1.80	5.1
12	3.17	0.18	1.00	0.0	1.03	0.2

表4-11进一步展示了"图形的变化"不同水平中题目的难度值,并据此计算出每个水平的难度平均值,进而得出各水平的Logit值范围。具体来说,当学生的Logit值低于-0.53时,被认为处于水平1;Logit值在-0.53~2.0,处于水平2;Logit值在2.0~3.1,处于水平3;Logit值超过3.1时,则处于水平4。统计结果显示,不同水平的学生分布存在显著差异,处于水平2和水平3的学生比例显著高于处于水平1和水平4的学生。这表明大多数学生能够基本掌握"图形的变化"的相关知识,但学生对该模块知识理解的深度存在明显差异。仍有少量学生(3.6%)处于初始的认知阶段,而另一部分学生(13.4%)已达到能够综合运用知识解决问题的建构水平。

表4-11 学生"图形的变化"测评整体水平分布

预设水平	对应项目	平均难度值	水平划分	学生比例
水平1	Q1、Q2、Q4、Q5	-0.33	<-0.53	3.6%
水平2	Q3、Q6、Q7、Q11、Q13、Q14	-0.53	-0.53~2.0	43.8%
水平3	Q10、Q12	2.0	2.0~3.1	39.2%
水平4	Q8、Q15	3.1	>3.1	13.4%

表4-12则呈现了"函数"概念中各个子概念相关题目的难度值、误差和拟合指数。整体来看,涉及"变量与函数""一次函数"和"反比例函数"的题目难度值较低,反映出学生对这些概念的掌握较为牢固。而"二次函数"相关题目的难度值较高,学生在理解和综合运用这一概念上存在困难,这也代表了"函数"学习中的一个重难点。

通过分析表4-13中的数据,我们可以对"函数"概念不同掌握水平的学生能力进行分类。学生能力若以Logit值表示,其小于-0.39,通常被认为处于"函数"学习的初级阶段,即水平1。当学生的Logit值介于-0.39~1.40,其学习水平被划分为中级阶段,也就是水平2。进一步地,若学生的Logit值在1.40~4.85,则他们被认为是处于高级阶段,即水平3。最后,对于Logit值超过4.85的学生,他们被认为达到了"函数"学习的最高级阶段,即水平4。经统计得,处于四个水平的学生分布差异较大,处于水平2和水平3的学生最多,说明大多数学生能基本掌握"函数"相关知识,不同学生对该模块知识的理解程度差异较为明显,仍有少部分(11.5%)学生停留在原有认知的观念阶段,也有不少学生(25%)已经达到建构水平,能利用相关知识解答综合问题。

表4-12 "函数"各项目拟合分析

Item	Measure	Error	Infit IMNSQ	Infit ZSTD	Outfit OMNSQ	Outfit ZSTD
变量与函数						
1	−1.85	0.33	0.92	−0.3	0.90	−0.1
5	−0.90	0.25	1.18	1.2	1.33	0.7
6	−0.62	0.23	0.86	−1.1	0.62	−0.5
7	−2.38	0.41	1.02	0.2	1.01	0.2
一次函数						
2	−1.02	0.25	1.00	0.1	0.54	−0.9
3	−0.84	0.24	0.97	−0.2	0.83	−0.1
9	1.28	0.21	0.96	−0.3	0.59	−0.7
13	1.42	0.22	0.85	−1.3	0.62	−0.6
二次函数						
3	−0.84	0.24	0.97	−0.2	0.83	−0.1
10	1.32	0.21	1.01	0.1	3.12	2.7
11	−0.90	0.25	1.13	0.8	1.12	0.4
12	2.35	0.19	0.98	−0.2	0.87	−0.6
14	−0.67	0.23	0.95	−0.3	0.59	−0.6
15	7.34	0.47	1.05	0.3	1.36	0.7
反比例函数						
2	−1.02	0.25	1.00	0.1	0.54	−0.9
3	−0.84	0.24	0.97	−0.2	0.83	−0.1
4	1.57	0.19	1.09	1.1	1.31	0.9
8	1.06	0.20	1.00	−0.1	0.74	−0.4

第四章 初中数学核心概念学习进阶的测量工具开发与测评

表 4-13 学生"函数"测评整体水平分布

预设水平	对应项目	平均难度值	水平划分	学生比例
水平 1	Q1、Q2、Q7、Q11	−1.54	<−0.39	11.5%
水平 2	Q3、Q5、Q6、Q8、Q14	−0.39	−0.39～1.40	27%
水平 3	Q4、Q9、Q10、Q13	1.40	1.40～4.85	36.5%
水平 4	Q12、Q15	4.85	>4.85	25%

由表 4-14 可看出"概率"每个水平中包含题目的项目难度值,当学生能力的 Logit 值小于 0.02,认为学生对于概率的学习处于水平 1;当学生的 Logit 值处于 0.02～1.02,那么可以认为学生对概率的学习处于水平 2;当学生的 Logit 值处于 1.02～1.63,我们可以认为学生对概率的学习处于水平 3;那么,当学生的 Logit 值大于 1.63 时,我们认为学生对概率的学习处于水平 4。经统计得,处于四个水平的学生分布差异较大,处于水平 4 的学生最多,说明大多数学生能掌握"概率初步"的相关知识,并利用相关知识解答综合问题。

表 4-14 学生"概率"测评整体水平分布

预设水平	对应项目	平均难度值	水平划分	学生比例
水平 1	Q1、Q6、Q8	−1.79	<0.02	1.1%
水平 2	Q3、Q4、Q9	0.02	0.02～1.02	23%
水平 3	Q2、Q7	1.02	1.02～1.63	30.9%
水平 4	Q5、Q10	1.63	>1.63	45%

(二)学生具体作答情况分析

将"图形的变化"15 个题项分别对应在 3 个子概念中,并分别统计出每道题目学生作答的正确率,以此求出每个子概念学生作答的平均正确率。经过比较,初三学生在"投影"子概念中的平均正确率最低,"图形的运动"中涉及综合应用的题目(Q15)的正确率也较低。下面通过对得分率较低的典型例题进行分析,来揭示初三学生的作答情况和认知规律。

表 4-15 "图形的变化"作答统计对比

子概念	对应项目	正确率	平均正确率
图形的运动	Q1、Q2、Q3、Q8、Q9、Q10、Q14、Q15	98.2%、70%、85.2%、94.6%、96.4%、67.3%、95.5%、14.3%	77.7%
相似	Q6、Q7、Q11、Q13	73.5%、87%、90.6%、71.7%	80.7%
投影	Q4、Q5、Q12	81.6%、62.3%、28.7%	57.5%

Q15：已知：如图①长方形纸片 $ABCD$ 中，$AB<AD$．将长方形纸片 $ABCD$ 沿直线 AE 翻折，使点 B 落在 AD 边上，记作点 F，如图②．

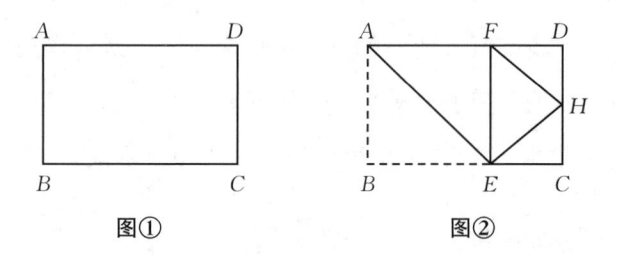

图①   图②

(1) 当 $AD=10$，$AB=6$ 时，求线段 FD 的长度；

(2) 设 $AD=10$，$AB=x$，如果再将 $\triangle AEF$ 沿直线 EF 向右翻折，使点 A 落在射线 FD 上，记作点 G，若线段 $FD=\dfrac{3}{2}DG$，请根据题意画出图形，并求出 x 的值；

(3) 设 $AD=a$，$AB=b$，$\triangle AEF$ 沿直线 EF 向右翻折后交 CD 边于点 H，连接 FH，当 $\dfrac{S_{\triangle HFE}}{S_{四边形ABCD}}=\dfrac{1}{8}$ 时，求 $\dfrac{a}{b}$ 的值．

Q15 考查翻折运动，七年级难度。涉及翻折的性质、线段的和差倍、三角形与矩形面积关系。第(1)问只要知晓翻折后 $AF=AB$，即可求得 $FD=AD-AF=4$；第(2)问在第(1)问基础上再将三角形 AEF 沿 EF 向右翻折，

使点 A 落在射线 FD 上点 G 处。由于 G 可能在线段 FD 上,也可能在 FD 的延长线上,因此需要分类讨论。DG 可以表示为 $2x-10$,也可表示为 $10-2x$。第(3)问只需要用 a、b 分别表示出三角形 HEF 和长方形 $ABCD$ 的面积,最后利用比例式计算出 a、b 的比值即可。第(1)问得分率尚佳,第(2)问开始要根据题意画出翻折后的图形,对于学生来说是一个难点;第(3)问学生能力没达到,本题用含 a、b 的代数式表示△FEH 的边 EF 上的高后,问题就迎刃而解了。本题对学生的综合能力要求较高,学生需要自行画图后再去求解。首先,学生缺乏对图形的想象力,从而导致无法正确画出图形。其次,部分学生虽能画出图形,但解决此类题型的能力较为薄弱。

Q12:如图,在纸上剪一个圆形和一个扇形的纸片,使之恰好能围成一个圆锥模型,若圆的半径 $r=2$,扇形的圆心角等于 $90°$,则围成的圆锥的母线长 R 的值为_____.

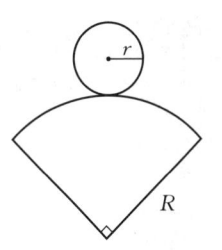

Q12 考查的是与圆锥有关的概念,由于沪教版初中数学教材中没有点线面体等相关知识的介绍,学生之前也没有相关学习基础,对母线概念不清导致无法做题,学生想象不到要围成锥形,也不能认识到这个扇形的弧长就是底部圆形的周长。

然后,将"函数"15 个题项分别对应在 3 个子概念中,并分别统计出每道题目学生作答的正确率,以此求出每个子概念学生作答的平均正确率。经过比较,初三学生在"二次函数"子概念中的平均正确率最低。下面通过对得分率较低的典型例题进行具体分析,来揭示初三学生的作答情况和认知规律。

表 4-16 "函数"作答统计对比

子概念	对应项目	正确率	平均正确率
变量与函数	Q1、Q5、Q6、Q7	94.6%、88.7%、86.3%、96.6%	91.55%
一次函数	Q2、Q3、Q9、Q13	89.7%、88.2%、82.8%、84.3%	86.25%
二次函数	Q3、Q10、Q11、Q12、Q14、Q15	88.2%、83.3%、88.7%、45.6%、86.8%、5.9%	66.4%
反比例函数	Q2、Q3、Q4、Q8	89.7%、88.2%、72.1%、80.4%	82.6%

Q15：数学活动小组通过观察投掷铅球的运行轨迹来研究二次函数的性质：在投掷铅球的实验中，该铅球运行的高度 y(m)与水平距离 x(m)之间的关系式是二次函数 $y=ax^2+bx+c$. 小明投掷铅球出手时离地面的高度为 1.8 m，经测量，铅球落地成绩刚好是 8 m（铅球成绩达到 8 m 是满分）.

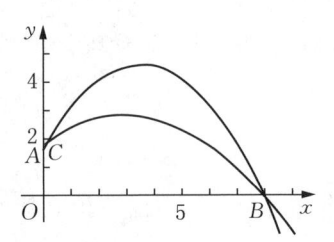

(1) 写出 $\dfrac{b}{a}$ 的取值范围是_____；

(2) 若小明投掷的铅球运行到水平距离为 3 m 时，铅球达到最大高度，求该铅球运行路线的解析式；

(3) 已知小红投掷铅球出手时离地面的高度为 1.6 m，$a=-\dfrac{19}{80}$，

① 若小红投掷铅球成绩也是满分，求 b 的取值范围；

② 若小红投掷铅球成绩刚好是 8 m，求：小红投掷铅球的运行水平距离为多少米时与(2)中小明投掷铅球的运行路线的高度差最大？

Q15 第(1)问由于铅球的运行轨迹是抛物线,且过(0,1.8)和(8,0)两点,通过对称性可分析对称轴在 y 轴和直线 $x=4$ 之间。利用对称轴公式可求出 $\dfrac{b}{a}$ 的取值范围。学生做题时往往没有把 b 与 a 的比值范围与对称轴公式联系起来。第(2)问除了(0,1.8)和(8,0)两点,还提供了 $x=3$ 时,图像有最高点。即抛物线对称轴为直线 $x=3$。根据三个条件可求出解析式。第(3)问根据已知条件 $a=-\dfrac{19}{80}$,同第(1)问由对称轴取值范围可知 b 的取值范围;知晓小红投掷铅球的抛物线经过(8,0),即可列出小红投掷铅球的抛物线表达式,小红投掷铅球的抛物线解析式减去小明投掷铅球的抛物线解析式即得出一元二次整式,求此整式的最大值即两者运行路线的高度差。因为学生对求最值的方法不熟练,所以很少有人做出。本题正确率最低的主要原因有:(1)题目较长,结合实际意义,学生看到有畏难心理,没有静心思考便主动放弃。(2)学生阅读理解题意有困难。(3)平时没有遇到过类似题型,因此第(1)问对学生来说就比较陌生。(4)研究函数时,对于应用函数解决实际问题,学生平时较少遇到此类题型,不能理解如何根据成绩满分求解 b 的范围。

"概率"各题的正确率如表 4-17 所示,其中 Q10 的正确率最低,下面将对这题进行具体分析。

表 4-17 "概率"各题正确率统计

Q1	Q2	Q3	Q4	Q5	Q6	Q7	Q8	Q9	Q10
98.6%	62.9%	77.8%	82.4%	60.2%	96.4%	74.2%	87.3%	86.4%	57.9%

Q10:甲、乙两名同学手中各有分别标注1,2,3三个数字的纸牌,甲制定了游戏规则:两人同时各出一张牌,当两张纸牌上的数字之和为偶数时甲

赢,奇数时乙赢.你认为此规则公平吗？并说明理由.

Q10 首先要理解"规则公平"指的是两人纸牌上数字之和为奇数和偶数的可能性相同。其次要明确规则中同一数字牌两人可同时打出。学生可选择树形图或枚举法,找出数字和为偶数的有 5 种情况,数字和为奇数的有 4 种情况,所以规则不公平。

第三节　初中数学核心概念学习进阶的测评结果

一、初中数学核心概念学习进阶假设与测量工具较合理

本研究通过参照初中阶段"图形的变化""函数""概率"知识本体角度、数学价值角度、初中数学教材,在综合考量认知结构和《义务教育数学课程标准(2022 年版)》的基础上,采用 MathQuery 评价系统对三个数学核心概念进行了层级划分,并据此开发了相应的评估工具。基于学习进阶的理论假设,本研究开展了实证测量。所得样本数据揭示,题目难度设置适宜,且在整个测量范围内分布均衡,同时,题目与受测学生能力的匹配度较高,能够有效区分学生对相关概念的不同理解层次。因此,本研究提出的初中数学学习进阶模型是合理的,并能为实证研究提供理论支持。此外,样本数据还表明,所开发的测量工具在信度、效度、区分度以及题目与受测者之间的适配性等方面均表现良好,从多个维度证实了该工具的高效性和适用性。

二、不同学生处于不同的学习进阶水平

通过对样本数据用 Winsteps 和 Excel 分析统计可知,初三学生对三个核心概念的学习明显处于不同进阶水平。初三学生对于"图形的变化"这一

核心概念的学习主要处于水平2和水平3,处于水平4的有13.4%的学生;对于"函数"这一核心概念的学习主要处于水平3,处于水平4的有25%的学生,这可能与初三学生刚完成了函数部分的学习有关;对"概率"这一核心概念的学习主要处于水平3和水平4,这是因为在初中阶段的相关知识主要限定在初步了解概率的基本规律,难度暂时还未提升。这一结果初步反映这三个核心概念的学情现状。

三、研究启示与教学建议

首先是教学目标上,初中数学学习进阶的研究能够有效地帮助教师全面诊断学生在各个不同学习阶段所拥有的认知基础、当前的思维层次以及潜在的发展趋向,从而使教学活动更加具有明确的指向性和有效性。这种诊断不仅限于揭示学生在数学概念、定理理解上的现状,还包括了解学生解题思维的深度与广度,以便更准确地把握学生的认知门槛和潜在能力,为制定下一阶段的教学目标和教学策略提供了科学依据。以函数为例,在对函数概念的深入分析基础上,我们认识到该概念作为一个层次较高的核心理论体系中的锚点,不仅统摄了众多相关的数学概念,而且这些概念之间并非孤立存在,其间互有联系。基于此,教师在设置教学目标时,可以针对不同学习层次的学生预期表现,设计具体的教学"子目标"。特别是在学生对于难点概念如"二次函数"的学习过程中,从最初的认识阶段到逐渐构建概念的层面,学生的理解能力呈现出一个逐步深入和提升的过程。因此,教师需定期对学生的学习进行测评,依据测评结果来合理设定教学目标,并能够根据学生在当前学习阶段的进展,预判学生应达到的思维水平,据此调整教学内容,这不仅有助于有序推进教学进程,也为评估学生高阶思维能力提供了有效的方法论支持。

其次是教学策略上,初中数学学习进阶的研究能够有效地帮助教师根据学生的实际情况,有的放矢地设计教学活动,引导学生的思维向着更为精练和深入的方向发展。教师通过对学生掌握核心概念的深度与广度进行有效测量和评价,有助于对教学内容进行精准调整和科学规划,同时可以显著提高学生的学习成效。众多教育实践案例指出,学生在构建新知识体系,尤其是在理解新概念时,往往需要付出较长时间反复实践尝试。在这一过程中,教师的引导和支持不可或缺,尤其是要为学生提供多次思维修正与认知更新机会,从而有助于他们在概念构建上达到更高层次的把握和理解。此外,在学生掌握概念的初级阶段,也即观念形成阶段,他们往往处于对新概念的表面认知和固有迷思概念之间徘徊的境地。例如,学生可能在理解"二次函数"概念时,仅停留在对解析式的简单套用,并未达到通过数形结合的方式来解决实际问题的能力水平。面对这种情况,教师需要有针对性地采取策略,引导和激励学生通过不断探索实践,将分散的知识点与逻辑推理能力有机结合,进而在思维层面实现数学概念与数学模型的升华和完善,以促进学生数学认知的整体发展和提升。通过这种方式,教师能够有效地促进学生在核心概念理解上的质变,为学生的长远学习和应用打下坚实基础。

第三部分

初中数学核心概念
学习进阶的教学设计案例

第五章 "相似三角形"教学设计案例

第一节 "相似三角形"单元教学设计

一、单元规划

(一) 课程标准分析

"图形的相似"这一学习主题是《义务教育数学课程标准(2022年版)》(以下简称《义教课标》)中所明确的第四学段(7~9年级)"图形与几何"课程内容中的一个重要学习主题。

在《义教课标》中,"图形的相似"这一主题相关课程的内容要求与学业要求如下(表5-1)。

"相似三角形"单元的学习内容从属于"图形的相似"这一主题。本单元将安排在上海初中数学教材九年级第一学期开展学习,从"图形的相似"这一主题的学业要求看,"相似三角形"单元是这一学习主题的核心单元。

(二) 教材编排结构

1. "相似三角形"相关内容在上海初中数学教材中的编排

"相似三角形"是以全等三角形和相似变换为基础,是全等三角形在边上的推广,是相似变换的延续和深化,相似三角形的知识又是"锐角三角比"的基础。因此,与"图形的相似"这一学习主题相关的学习内容,在初中数学教材编写时采用的是"分步学习,循序渐进,螺旋上升"的基本思路和编排策略(表5-2)。

表5-1 《义教课标》第四学段图形与几何学习主题"图形的相似"的内容要求和学业要求

内容要求	学业要求
(1) 了解比例的基本性质、线段的比、成比例的线段;通过建筑、艺术上的实例了解黄金分割。 (2) 通过具体实例认识图形的相似,了解相似多边形和相似比。 (3) 掌握基本事实:两条直线被一组平行线所截,所得的对应线段成比例。 (4) 了解相似三角形的判定定理:两角分别相等的两个三角形相似;两边成比例且夹角相等的两个三角形相似;三边成比例的两个三角形相似。了解相似三角形判定定理的证明。 (5) 了解相似三角形的性质定理:相似三角形对应线段的比等于相似比;面积比等于相似比的平方。 (6) 了解图形的位似,知道利用位似可以将一个图形放大或缩小。 (7) 会利用图形的相似解决一些简单的实际问题。 (8) 利用相似的直角三角形,探索并认识锐角三角函数($\sin A$,$\cos A$,$\tan A$),知道30°、45°、60°角的三角函数值。 (9) 会使用计算器由已知锐角求它的三角函数值,由已知三角函数值求它的对应锐角。 (10) 能用锐角三角函数解直角三角形,能用相关知识解决一些简单的实际问题。	了解图形相似的意义,会判断简单的相似三角形;发展几何直观和空间观念。

表5-2 "相似三角形"相关内容在上海初中数学教材中的分布

阶段	学习时段		学习内容
1	七年级	第二学期	全等三角形
2	九年级	第一学期	相似三角形
3	九年级	第一学期	锐角的三角比

2. "相似三角形"及其相关内容的关系

"分步学习,循序渐进,螺旋上升"的教材编排是基于初中学生的认知发展规律与数学知识体系建构顺序而设计的。因为七年级的学生正处于具体运算向形式运算过渡时期,大部分学生在"图形与几何"内容的学习过程中依然比较依赖直观感知,但他们也已具备了一定的抽象推理意识和能力。

因此，教材对"全等三角形"这一单元的学习，强调通过学生的实验探究、直观发现、推理论证来研究图形。使学生在这一过程中逐步掌握几何论证的一般方法和思想，发展他们的抽象推理能力。又因为"全等三角形"是"相似三角形"的特殊情况，教材这种由特殊到一般、由具体到抽象的认知安排，为后续"相似三角形"单元的学习探索和整体建构提供了学习的知识基础、认知基础和思想方法基础。

另外，"相似三角形"与后续的"锐角的三角比"这两个单元都强调从运动变化的观点来研究图形、理解图形的变化规律，但两者的学习侧重点是有所不同的。在"相似三角形"单元中主要是从研究三角形（或两个三角形）的基本特征和性质出发，获得判断三角形相似的一般方法，发展学生抽象论证与推理能力。所以，"相似三角形"单元的学习重在通法通则的学习。而在"锐角的三角比"中，主要是从研究直角三角形中边角之间的一般数量关系，来解决一些实际问题，发展学生利用数学工具解决实际问题的能力。所以，"锐角的三角比"单元的学习重在基于问题解决的数学知识基础应用能力的发展，两者之间是基础与应用的关系。

同时，教材从"全等三角形"到"相似三角形"，再到"锐角的三角比"，最后到解决相关生活实际问题的整体编排，使得学生在整个学习过程中的新知识和原有知识固着点的"距离"不大，搭建了适合一般学生顺畅学习的阶梯，降低了学生学习的难度。

3. "相似三角形"单元知识结构

本单元主要包括"相似形""比例线段""相似三角形"等部分。为了丰富学生的数学文化，扩大数学视野，本单元加入了专题内容"漫谈'出入相补原理'"，一方面是为学生提供一种解决实际问题的重要思想方法，另一方面是让学生感受我国古代数学的悠久历史、丰富内容和重大成就，得到数学文化的教育，增强爱国情感。

综上分析与说明，"相似三角形"单元知识结构图设计如下（图 5-1）。

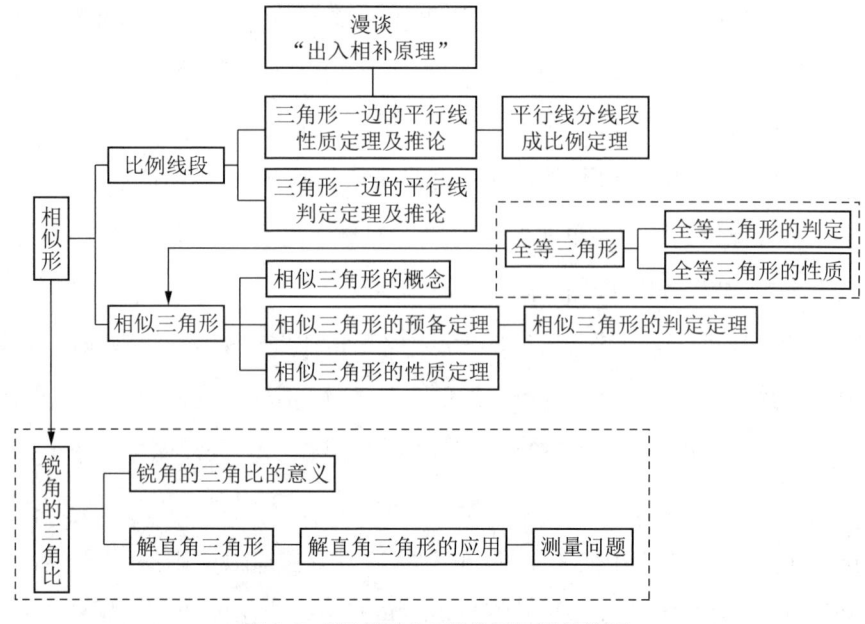

图 5-1 "相似三角形"单元知识结构图

（三）单元课时划分

根据教材的教学建议和对本单元的分析与规划，本单元安排教学总课时为 18 课时。依据本单元学习主题及其下位的学习专题，可将本单元各课时教学内容规划如下（表 5-3）。

表 5-3 "相似三角形"单元课时划分

单元学习主题	主题课时	学习专题	专题课时
相似形	1 课时	放缩与相似形	1 课时
比例线段	6 课时	比例线段	2 课时
		三角形一边的平行线	4 课时
相似三角形	9 课时	相似三角形的判定	5 课时
		相似三角形的性质	4 课时
出入相补原理	1 课时	漫谈"出入相补原理"	1 课时
单元复习与小结	1 课时	单元复习与小结	1 课时
	本单元总课时		18 课时

二、单元教学内容解析

(一) 单元核心内容与教法分析

结合教材的划分,本单元主要分为"相似形""比例线段""相似三角形"。

1. 相似形

"相似形"是整个单元学习的基础。对于此内容的学习,首先,要用图形放缩运动的观点理解相似形的意义,引出相似形的有关概念。其次,通过对图形放缩运动的探究,认识放缩运动中的不变量,知道相似多边形的特征及相似形与全等形的关系。最后,运用变化的观念进行观察和研究,为后续进一步学习"比例线段"和"相似三角形"提供可类比的研究思路。

对于本内容的教学,应该通过实物图形让学生感知现实生活中有很多这样的图形,它们形状相同,但大小不一定相等。然后引进图形放缩,进一步认识形状相同的图形,定性描述,形成相似形的概念。再揭示其本质特征,通过实验分析,得到两个多边形相似其实是指它们的内角对应相等、边的长度对应成比例,初步认识相似多边形的本质特性和放缩运用中的不变量。

本内容的研究,实际上是在全等三角形知识学习基础上的拓展,相似三角形比全等三角形更具有一般性。"相似形"是指两个图形之间的一种相互关系情况,但它与"全等形"不同,相似的两个图形仅仅形状相同、大小不一定相等,其中一个图形可以看成另一个图形按一定比例放大或缩小而成的。当放大或缩小的比值为1时,这两个图形就是全等形,全等形是相似形的特殊情况。因此,教学中要注意引导学生通过对放缩前后的两个三角形进行观察和测量,感受图形放缩运动中有些量发生变化,而有些量可能不会变化。由此知道三角形在放缩运动过程中,各个内角的大小不变,而各边的长度"同样程度"地放缩。

2. 比例线段

由于图形的相似与比例线段是密不可分的,因此在形成相似形的概念之后，教材安排了学习"比例线段"。本内容的学习主要是讨论三角形一边的平行线的性质与判定，以及平行线分线段成比例定理，为研究"相似三角形"提供了必要的知识储备。三角形一边的平行线的性质，既是学习"相似三角形"的知识基础，又是独立解决问题的依据，是本单元教学的一个重点。

对于这部分内容的教学，可以先回顾六年级"比和比例"的有关概念和基本性质，类比得到线段的比和比例线段的概念，并在此基础上学习比例的合比性质和等比性质。而对于比例线段的应用，重点在于比例线段性质的基本运用，要注意让学生体会合比、等比性质的证明和应用过程中隐含的字母表示数、化归等数学思想方法。需要注意的是，同高（或等高）的两个三角形的面积比，可以转化为相关的线段比，这种转化有别于相似三角形的面积比问题，为证明三角形一边的平行线性质定理与判定定理做铺垫。此外，利用面积关系解决问题是我国古代数学的成就之一，关于这个问题在"漫谈'出入相补原理'"一课中会重点介绍。

对于"三角形一边的平行线"的教学，可以视作对三角形中位线定理的条件与结论关系的推广应用。首先，要通过对原有认识的反思提出问题，引出对三角形一边的平行线的性质的研究。其次，通过直线平移，针对平行线与三角形的不同位置关系展开分类讨论，从而得到三角形一边的平行线的性质定理与判定定理。最后，推广到一般情况，得到平行线分线段成比例定理。在教学中要引导学生用图形运动的观点领略归纳法，体会分类讨论思想，感悟利用面积关系解决问题的证明方法，从数学的角度思考问题，进行探究学习，构建数学知识。

3. 相似三角形

相似三角形的内容，按照相似三角形的概念、判定性质的顺序展开，形成系统。由三角形一边的平行线性质定理导出相似三角形预备定理，这是探究相似三角形判定定理的前提。由相似三角形的定义得到的"相似三角形对应角相等、对应边成比例"的结论是研究相似三角形性质的开端。通过对"问题"的思考、分析和解决，进一步演绎出相似三角形的判定和性质定理，展现出论证几何的研究过程和逻辑推理的思想方法。

从全等三角形的判定联想到相似三角形的判定，应注重让学生体会类比思想和从特殊到一般的探究策略。教学中，可以采用"问题驱动"的方式，引导学生参与、分析全等三角形的判定定理、提出相似三角形判定问题的过程，运用运动的观点和相似三角形的预备定理，导出相似三角形的判定定理，进而把全等三角形统一到相似三角形中。对于相似三角形的性质，也是先从相似三角形的概念及几何图形的内在特性提出有关问题，再进行探索和研究。通过"问题驱动"，让学生经历数学发现与理论建立的过程，促进学生主动学习、完善学习方式，引导学生学会提出问题、分析及解决问题。

（二）单元内容的育人价值

1. 落实"四基"

本单元主要是对相似的图形进行研究，重点是研究相似三角形，其核心内容是相似三角形的有关概念、判定定理和性质定理。比例线段和比例的性质，是学习和研究相似三角形的知识基础。三角形一边的平行线的性质，既是学习相似三角形的知识基础，又是独立解决问题的依据，是本单元的另一个重点。相似三角形又是今后学习锐角的三角比、三角函数和圆的知识基础，例如有关三角比的概念、三角函数的定义、圆的相关性质的证明，都与相似三角形有密切联系。另外，在物理学、工程设计、测量、绘图等许多方面，都要用到相似三角形的知识。学好相似三角形，既是后续学习的需要，也是解决生产、生活实际问题的需要。所以，在本单元教学中，既要重视学生对有关概念、性质与判定定理的理解、掌握与运用，落实好基础知识与基本技能；也要让学生逐步领会研究过程中涉及的类比、化归、图形运动、分类讨论、数形结合等基本数学思想；还要关注学生在经历探索知识、解决问题的过程中所积累的基本活动经验。

2. 提升"四能"

九年级的学生已具备了一定的数学知识、技能与方法，积累了一定的数学学习经历与经验,初步会从数学的角度思考问题。因此,本单元内容的展开,应注意引导学生用数学的眼光观察事物,提出问题、分析问题、解决问题。教学中,可以采用"问题驱动"的基本方式,从学生已有的知识背景出发,发现问题、提出问题,引导学生从数学的角度思考问题,通过探究活动和演绎推理,构建数学知识。比如,通过类比全等三角形的判定,提出相似三角形的判定问题;通过运动的观点和相似三角形的预备定理,导出相似三角形的判定定理,进而把全等三角形统一到相似三角形中。通过"问题驱动",展现数学发现与理论建立的过程,促进学生主动学习、完善学习方式,逐步提升学生发现问题、提出问题、分析问题和解决问题的能力。

3. 发展"三会"

数学为人们提供了一种认识与探究现实世界的观察方式、理解与解释现实世界的思考方式、描述与交流现实世界的表达方式。通过本单元图 5-1 介绍,提出了如何运用相似三角形的相关知识测量埃及金字塔高度的问题,学生能够直观地理解所学知识的历史背景及其价值。所以,我们希望学生通过本单元的学习经历,能在其自主发现、自主探索、自主建构和自主问题解决的过程中,发展学生会用数学的眼光观察现实世界,会用数学的思维思考现实世界,会用数学的语言表达现实世界的意识和能力。

三、单元学情与学法指导

(一) 学习基础

经历了初中三年的学习,九年级的学生已经具备了一定的探索、分析和证明的能力;在七年级全等三角形的学习中,已经较好地掌握了全等三角形的定义、性质和判定;在三角形、四边形的学习中,也积累了一些几何图形的性质和判定的探究经验。这些在不同阶段获得的学习经验,为继续学习本单元相似三角形的相关知识做好了知识与方法上的铺垫。

(二) 学法指导

"相似三角形"单元的学习处于九年级第一学期,学生已有较多平面几何的学习经验,但之前的经验更多地停留在"图形的性质"层面,即强调通过实验探究、直观发现、推理论证来研究图形。而"相似三角形"单元更强调从"图形的变化"角度研究,即从运用变化的观点来研究图形,体会图形变化中的不变量。因此,本单元的学法指导,一方面通过"问题驱动"引导学生基于已有的知识背景出发提出问题、思考问题,通过探究活动和演绎证明,建构数学知识,给予学生更多合作交流、实践探究的机会;另一方面可以借助信息技术帮助学生从"图形的变化"的角度来开展研究。

四、单元教学目标设定

依据《义教课标》相关课程内容要求与学业要求,结合上述对单元内容和教学方法的分析,现将"相似三角形"单元的教学目标设置如下。

1. 经历对形状相同图形从直观感知到数学抽象的过程,了解相似形的意义。

2. 了解比例的基本性质、线段的比、成比例的线段;通过建筑、艺术上的实例了解黄金分割。

3. 掌握相似三角形一边的平行线的性质定理和判定定理,掌握平行线分线段成比例定理;知道三角形的重心及其性质。

4. 理解相似三角形的有关概念;经历对相似三角形判定定理的推导过程,了解相似三角形的判定定理;在探究三角形相似所需条件的活动中,体会类比思想。

5. 经历对相似三角形性质的探究过程,掌握相似三角形的性质定理;通过对相似三角形性质的分析,体会图形放缩运动中有关几何量的变与不变的辩证关系。

6. 通过体会古人解决测量问题的方法,初步了解"出入相补原理"这一解决问题的重要思想方法,丰富数学文化,扩大数学视野。

五、单元学习评价设计

本单元的学习内容是"相似三角形"这一学习主题的相关概念和性质。开展本单元学生学习评价的主要任务是检测单元目标的达成效果,其中包括:相关知识技能的理解水平或掌握情况、单元学习活动的过程经历和学习体验以及在学习习惯、交流合作、情感体验等方面的表现。

本单元的学习评价主要针对学生的课堂探究活动、课后作业完成情况和单元学习效果开展设计。评价的主体、时间以及类型将会结合具体评价目标、内容和方式来确定(表5-4)。

表5-4 本单元数学学习评价分类说明

评价场景	评价主体与形式	评价时间	评价维度	评价属性	评价工具	评价结果形式
课堂探究活动	学生自评	可于活动完成时开展	☑交流/汇报的质量 ☑活动参与的表现 ☑分享合作的表现	形成性	模板选用	档案袋式积累,每单元给予一个综合等第
	学生开展组间互评	可于组间交流汇报后开展	☑交流/汇报的质量 ☑活动参与的表现 ☑分享合作的表现	形成性	模板选用	档案袋式积累,可用于学习评价的参考
学生课后作业	教师评价	课后作业完成提交后开展	☑知识技能的表现 ☑能力发展的表现 ☑综合素养的表现	形成性诊断性	教师自主设计	每次作业批阅后给予等第评价,每单元给予一个综合等第
	学生自评或互评	教师反馈作业后开展	☑知识技能的表现 ☑能力发展的表现 ☑综合素养的表现	形成性诊断性	模板选用	每次作业后分维度评分,档案袋式积累
单元学习检测	教师评价	学生完成单元学习后开展	☑知识技能的表现 ☑数学思考的表现 ☑问题解决的表现	诊断性总结性	教师自主设计	每单元开展一次检测,给予评分

1. 课堂学习活动评价

本单元的学习过程中会开展若干典型的课堂学习活动。针对活动,可以依据单元目标和评价要点设定评价的目标、内容和要素,在此基础上可以开发评价指标和评价标准,并设计评价表用于具体评价活动(表 5-5、表 5-6)。

【模板与案例】

表 5-5　数学分组活动学生组内自评表

活动主题:					
班级:		自评人姓名:	指导老师:		
小组成员:			小组组长:		
请在下列你认为符合被评同学相应表现的地方打"√"			非常好	比较好	需改进
活动参与	能积极参与小组合作学习				
	能努力完成小组分工的任务				
分享合作	善于倾听同伴的观点				
	能积极思考并主动提出问题或想法				
	能与同伴一起探讨问题和解决方案				
	乐于与同伴分享探索的收获				
交流表达	能与他人交流想法,并清楚地表述观点				
	能对同伴的观点进行判断、分析、质疑				

表 5-6　数学课堂汇报(展示)活动组间互评表

活动主题:					
班级:		被评小组:	指导老师:		
小组成员:			小组组长:		
请在下列你认为符合被评小组相应表现的地方打"√"			非常好	比较好	需改进
合作表现	同伴间分工明确,能积极参与,充分合作				
	能对同伴的研究给予点评、补充和完善				
展示效果	研究成果展示形式适切,内容科学				
	能清晰、准确地表述交流或汇报内容				
	辅助展示作品的制作生动有趣,能吸引人				
交流表达	能向同学提出值得思考的问题				
	能尝试对同学提出的疑问进行解答				

2. 课后作业评价

本单元的数学课后作业主要分"课时作业"和"跨课时作业"。课时作业一般是指对应单元中某课时的教学而布置的课后作业,学生要在第二天完成并提交。跨课时作业是指单元中布置的课后作业,对应内容不仅限于某一课时,完成时长由师生预先约定,一般长于课时作业的完成时间要求。

教师对课后作业进行批改和评价,并及时反馈。学生也可以对作业进行自评或互评。

【模板与案例】

本模板是单元数学课后作业完成质量评价表(表5-7)。该评价表可用于学生自评,也可用于在教师对作业进行批改反馈之后学生开展互评。该

表 5-7 单元数学课后作业完成质量评价表

评价维度	评价标准	自我评价
双基落实	非常好:准确理解基础知识,掌握基本技能; 比较好:能较好理解基础知识,初步掌握基本技能; 需改进:对于知识技能掌握较欠缺,有较多错误。	
审题清晰	非常好:正确理解题意,准确分析图形; 比较好:能较好理解题意和分析图形,但存在个别审题不清的细节问题; 需改进:对于题目理解和图形分析等存在一定困难。	
思维严谨	非常好:推理准确,逻辑严谨; 比较好:逻辑较严谨,但存在个别推理的细节问题; 需改进:逻辑较乱,存在较多错误。	
表达规范	非常好:作业格式规范,表达科学准确; 比较好:作业格式较规范,表达基本准确; 需改进:作业格式不规范,表达不够准确。	
运算准确	非常好:数学运算准确无误; 比较好:数学运算中存在个别错误; 需改进:数学运算错误较多。	
应用灵活	非常好:能灵活应用所学数学知识解决问题; 比较好:能合理应用数学知识解决问题,但存在一些细节问题; 需改进:应用数学知识解决问题的能力较薄弱。	

评价方式能有效地将学生每次作业的完成情况进行量化并收集,评价结果可用于对学生一个单元的作业完成情况进行综合评定。

第二节 "相似三角形"课时教学设计

相 似 形

【教材分析】

沪教版《九年义务教育课本·数学》九年级第一学期第二十四章"相似三角形"单元共有18课时的教学内容。本节课是单元的起始课,也是"放缩与相似形"学习专题课时。本课的主要内容是了解相似形的概念,理解相似多边形的对应角、对应边的含义,了解相似多边形的特征以及相似形与全等形的关系。教材在编排中,首先用图形放缩运动的观点理解相似形的意义,引出相似形的有关概念;其次通过对图形放缩运动的探究,认识放缩运动中的不变量,知道相似多边形的特征及相似形与全等形的关系;最后运用变化的观念进行观察和研究,为后续进一步学习"比例线段"和"相似三角形"提供了可类比的研究思路。

【学情分析】

九年级的学生已经具备了一定的探索、分析和证明的能力;在七年级全等三角形的学习中,已经较好地掌握了全等三角形的定义、性质和判定;在三角形、四边形的学习中,也积累了一些几何图形的性质和判定的探究经验。这些在不同阶段获得的学习经验,为本节课继续研究相似三角形的相关知识做好了知识与方法上的铺垫。希望本节课上,学生能迁移这些学习经验,逐步对图形放缩运动开展学习和研究。

【教学目标】

1. 能用图形放缩运动的观点认识相似形的意义,知道相似形的概念,理解相似多边形的对应角、对应边的含义。

2. 通过对进行放缩运动的图形的度量分析,认识放缩运动中的不变量,知道相似多边形的特征以及相似形与全等形的关系。

【教学重点与难点】

通过对图形放缩运动的探究,认识放缩运动中的不变量,知道相似多边形的特征及相似形与全等形的关系。

【教学过程】

一、情境与问题

1. 思考问题:观察下列各组图片,它们有什么相同的特点?

2. 交流归纳

(1) 从图形的大小、形状上考虑:形状相同、大小不一定相同。

(2) 从图形的缩小或放大去考虑:将一个图形缩小或放大后,就得到与它形状相同的图形。

3. 概念解析

(1) 图形的放大或缩小称为图形的放缩运动。

(2) 把形状相同的两个图形称为相似的图形,或者叫做相似形。

(3) 相似形与全等形的联系与区别:对于大小相同的两个相似形,它们可以重合,这时它们是全等形。

【设计意图】

通过生活中的几组图片,让学生通过观察,直观地认识形状相同的图片,并说明图形之间的放缩关系。经过直观认同后,由此引进图形的放缩运动,为直观描述相似形的概念和知道相似形与全等形的关系提供认识基础。

二、活动与思考

【活动1】探究相似多边形的特征

1. 问题:如图,$\triangle A_1B_1C_1$ 是 $\triangle ABC$ 通过放大后得到的图形,这两个三角形的形状相同,它们是相似形.通过观察和测量这两个三角形的各角和各边,你有什么新发现吗?

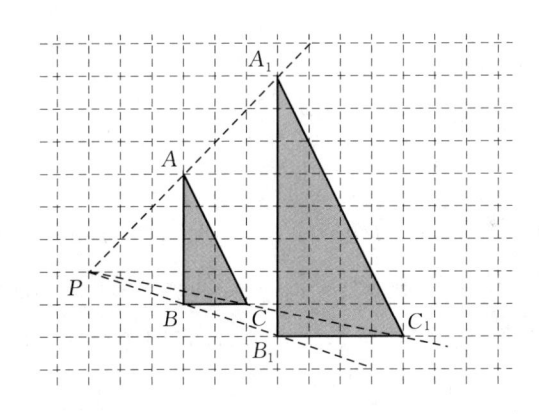

2. 测量与计算

通过测量与计算,可得:

(1) $\angle A_1=\angle A$、$\angle B_1=\angle B$、$\angle C_1=\angle C$;

(2) $\dfrac{A_1B_1 \text{的长度}}{AB \text{的长度}} = \dfrac{B_1C_1 \text{的长度}}{BC \text{的长度}} = \dfrac{A_1C_1 \text{的长度}}{AC \text{的长度}}$.

3. 归纳:$\triangle ABC$ 放大为 $\triangle A_1B_1C_1$ 后,$\triangle ABC$ 的角的大小不变,而它的各边"同样程度"地放大了。为此,我们说 $\triangle A_1B_1C_1$ 与 $\triangle ABC$ 的形状相同,就是指它们的角对应相等,边的长度对应成比例。

4. 推广:如图,把四边形 $ABCD$ 缩小为四边形 $A_1B_1C_1D_1$ 或扩大为四边形 $A_2B_2C_2D_2$ 后,这三个四边形的形状相同,它们是相似形.通过测量与计算,观察四边形 $ABCD$ 与四边形 $A_2B_2C_2D_2$ 的角和边,能否得到"它们的角对应相等,边的长度对应成比例"的结论?

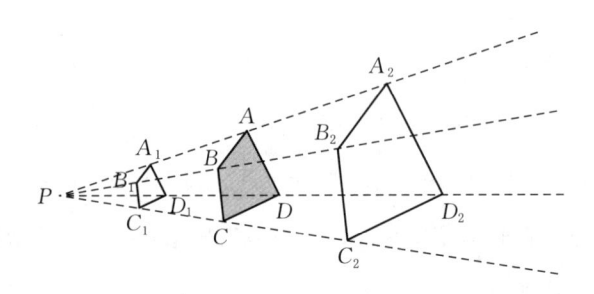

【学习要求】

(1) 以小组为单位,分工合作;

(2) 小组代表互补.

5. 归纳结论

一般来说,两个多边形是相似形,就是说它们同为 n 边形而且形状相同。也就是这两个多边形的角对应相等,边的长度对应成比例。

说明:当两个相似的多边形是全等形时,它们的对应边的长度的比值都是1。

【设计意图】

引导学生通过观察和测量放缩前后的两个三角形的边与角,感受图形放缩运动中的不变量。由此知道三角形在放缩运动过程中,各个内角的大小不变,各边的长度对应成比例。活动中,先以较为简单的三角形为例,在获得结论的基础上,引导学生运用类似的方法进一步研究四边形,通过活动熟悉和积累数学的活动经验,同时引导学生体会研究相似多边形的对应角、对应边的意义,为后续探究相似三角形的性质做好铺垫。

三、应用与检测

【例题】如图,四边形 ABCD 和四边形 A′B′C′D′ 是相似的图形,点 A 与点 A′、点 B 与点 B′、点 C 与点 C′、点 D 与点 D′ 分别是对应顶点,已知 BC=3,CD=2.4,A′B′=2.2,B′C′=2,∠B=70°,∠C=110°,∠D=90°,求边 AB、C′D′ 的长和∠A′ 的度数.

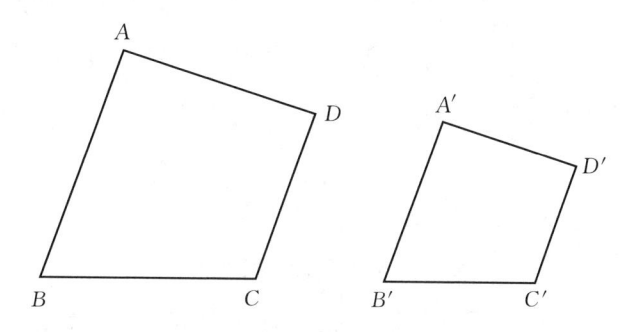

【学习要求】

1. 独立审题思考,梳理解题思路;
2. 完成解题过程,提炼解题策略。

【设计意图】

本题是关于相似多边形的性质及四边形内角和性质运用的几何计算题,帮助学生巩固相似多边形的特征和性质,同时提炼解决此类问题的一般策略:(1)应用相似多边形的性质求边和角时,关键是找到对应边和对应角,从而列出等式,通过解方程求解。(2)注意根据对应顶点确定对应边。学会寻找对应角和对应边。一般地,相等的角是对应角,对应角所夹的边是对应边;对应边所夹的角是对应角;最大(小)的边是对应边;最大(小)的角是对应角。

【练习】已知四边形 ABCD 与四边形 A′B′C′D′ 是相似的图形,点 A 与点 A′、点 B 与点 B′、点 C 与点 C′、点 D 与点 D′ 分别是对应顶点,其中 AB、BC、CD、DA 的长分别为 12 厘米、16 厘米、16 厘米、20 厘米,A′B′ 的长为

9厘米,求$B'C'$、$C'D'$、$D'A'$的长.

【学习要求】

1. 独立审题思考,梳理解题思路;

2. 完成解题过程,交流解题方法。

【设计意图】

通过练习进一步巩固新知,同时引导学生先画出草图再计算求解,在学会知识的同时养成良好的解题习惯。

四、作业与评价

(一)知识梳理

1. _____称为相似的图形或者相似形;

2. 全等形_____(填"是"或"不是")相似形;

3. 如果两个多边形是相似形,那么这两个多边形的对应角_____,对应边的长度_____.

(二)巩固检测

1. 在下列方格中,分别画出一个与△ABC、四边形DEFG相似的图形.

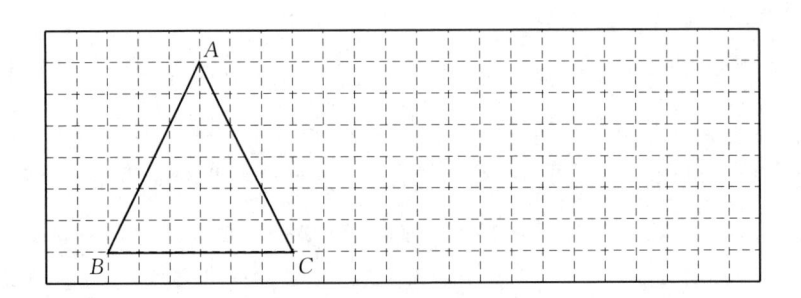

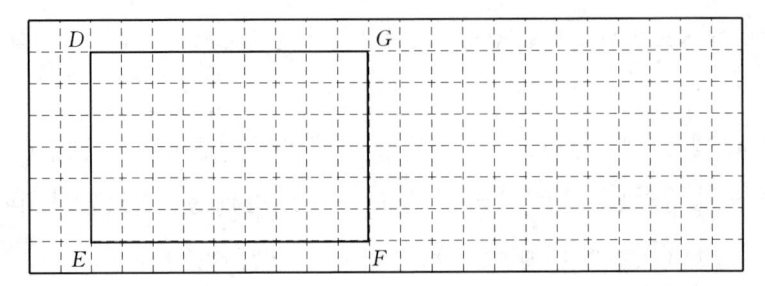

2. 已知△ABC 与△$A_1B_1C_1$ 相似,并且点 A 与点 A_1、点 B 与点 B_1、点 C 与点 C_1 是对应顶点,其中 AB、BC、CA 的长分别为 6 厘米、8 厘米、10 厘米,A_1B_1 的长为 4 厘米,求 B_1C_1、C_1A_1 的长.

3. 思考:

(1) 四个内角都对应相等的两个四边形一定相似吗？为什么？

(2) 所有的等边三角形都一定相似吗？所有的菱形呢？为什么？

(三) 思维拓展

已知,矩形的一组邻边长分别为 6 和 a,画一线段把它分割成两个矩形,若这两个矩形相似,且其中一个矩形有一边长为 4,求 a 的值.

【设计意图】

作业是经过单元系统设计的,每节新授课后的笔记整理均是作业的组成部分。巩固检测则主要引用或改编自配套的练习册,旨在促进"教—学—评"的一致性。作业的最后安排了一道思维拓展题,供有需要的学生进一步提升思维能力。

相似三角形的判定(1)

【教材分析】

沪教版《九年义务教育课本·数学》九年级第一学期第二十四章"相似三角形"单元共有 18 课时的教学内容。本课时是本单元的第 8 课时,主要内容是引进相似三角形的定义及有关概念,由定义导出三角形相似的传递性,之后由三角形一边的平行线性质定理导出相似三角形预备定理,最后由预备定理导出相似三角形判定定理 1。通过对"问题"的不断思考、分析和解决,进一步演绎出相似三角形的判定定理,展现出论证几何的研究过程和逻辑推理的思想方法。本节课是学习相似三角形的判定方法的第一课时,对探索相似三角形的判定方法有着"提纲挈领"的作用,将有助于学生深入理解"全等"与"相似"间的内在联系,体悟知识的发展过程,也为后续学习相似三角形的性质及应用奠定基础。

【学情分析】

学生在之前的学习中已掌握相似形、比例线段等知识,在七年级全等三角形的学习中,已经较好地掌握了全等三角形的定义、性质和判定。但是"顺利地提取知识"和"有条理地梳理知识"的能力还有待提高。九年级学生数学学习热情较高、思维活跃,独立思考、分析能力较强,也已经具备了初步探究问题的能力,但是对知识的主动迁移能力还有待加强。基于以上学情,本节课的设计旨在让学生经历完整的研究问题的过程,并在研究过程中主动地获取知识、应用知识、解决问题,形成自主学习、可持续发展的能力。

【教学目标】

1. 理解相似三角形的有关概念,知道全等三角形是相似三角形的特例,掌握相似三角形的预备定理和判定定理1。

2. 经历相似三角形判定定理的推导过程;在探索过程中,获得提出问题、思考问题的体验。

【教学重点与难点】

教学重点:相似三角形有关概念及判定方法的运用。

教学难点:理解相似三角形的预备定理与判定定理1的推导证明过程。

【教学过程】

一、情境与问题

金字塔是世界七大奇迹之一,在埃及和美洲等地均有分布。在科技落后的公元前,人们如何测量金字塔的高度呢?如图,这是古希腊著名学者泰勒斯设计的一个测量方法,说说其中的缘由。

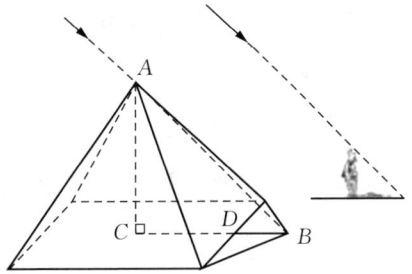

【设计意图】

通过实际生活情境,引出本节课的学习内容,既让学生感受数学的应用价值和文化价值,也使其明白"为何学"——源于社会生活实际的需要,激发学生学习数学的兴趣。

二、活动与思考

【活动1】相似三角形相关概念

1. 复习相似形的有关概念

呈现两组相似形,引导学生回顾相似形的概念和特征。

相似形:形状相同(可以通过对图形放缩得到)

① 角对应相等;

② 边的长度对应成比例。

特例:对于大小相同的两个相似形,它们是全等形。

2. 相似三角形的相关概念

(1) 相似三角形

如果一个三角形的三个角与另一个三角形的三个角对应相等,且它们各有的三边对应成比例,那么这两个三角形叫做相似三角形。

相似三角形的对应角相等,对应边成比例。

(2) 相似比

两个相似三角形的对应边的比,叫做这两个三角形的相似比。

特例:当两个相似三角形的相似比 $k=1$ 时,这两个相似三角形就成为全等三角形。

【设计意图】

在复习已有相似多边形概念的基础上,直接定义相似三角形,同时指出对应顶点、对应角、对应边以及相似比等概念。

【活动2】相似三角形的预备定理

问题1:如图,如果 $\triangle A_1B_1C_1 \backsim \triangle ABC$,$\triangle A_2B_2C_2 \backsim \triangle ABC$,那么 $\triangle A_1B_1C_1$ 与 $\triangle A_2B_2C_2$ 相似吗?为什么?

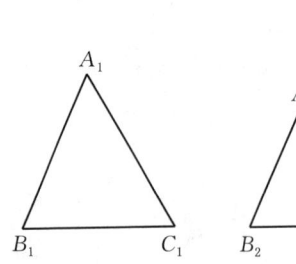

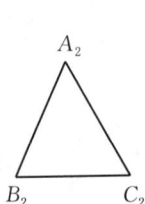

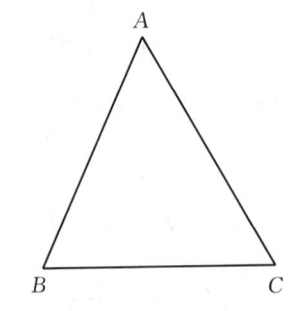

【学习要求】

1. 独立审题思考;

2. 梳理解题思路;

3. 交流判断依据;

4. 归纳三角形相似的传递性:如果两个三角形分别与同一个三角形相似,那么这两个三角形也相似。

问题2:如图,如果点 D、E 分别在直线 AB 和 AC 上,$DE \parallel BC$,那么 $\triangle ADE$ 与 $\triangle ABC$ 相似吗?为什么?

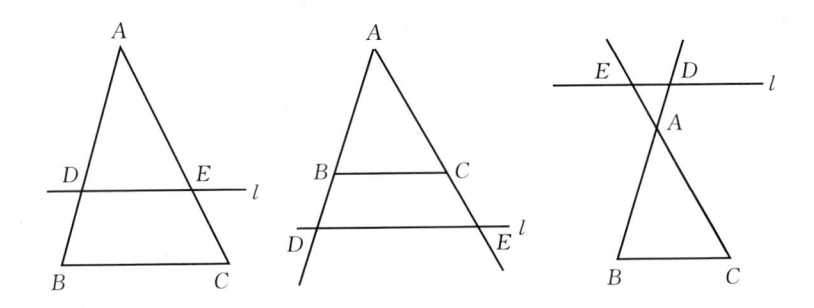

【学习要求】

1. 独立审题思考;

2. 梳理解题思路;

3. 交流判断依据;

4. 归纳相似三角形的预备定理:平行于三角形一边的直线截其他两边所在的直线,截得的三角形与原三角形相似。

【设计意图】

通过两个问题的思考与解决,引导学生得出三角形相似的传递性和相似三角形的预备定理,这既是对相似三角形有关概念的及时巩固,也为后续相似三角形判定定理的探究与验证做知识上的储备。

【活动3】相似三角形的判定

1. 小组讨论:联想全等三角形的四个判定定理,类似地分析判定两个三角形相似所需的条件。

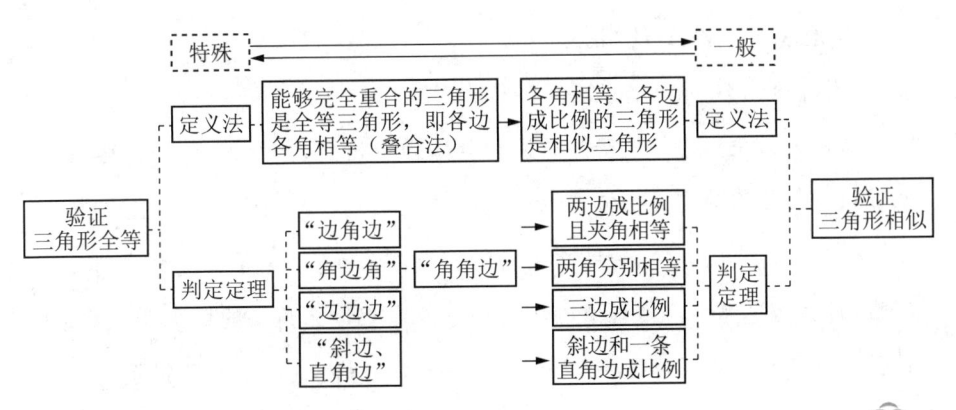

2. 问题3：如图，在△ABC与△A₁B₁C₁中，如果∠A=∠A₁，∠B=∠B₁，那△ABC与△A₁B₁C₁相似吗？

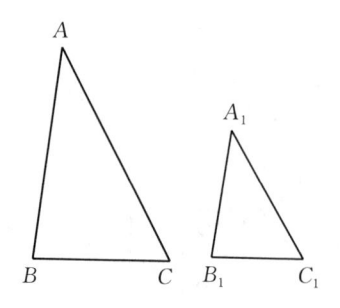

【学习要求】

1. 独立审题思考；

2. 梳理解题思路；

3. 交流判断依据；

4. 归纳相似三角形判定定理1：如果一个三角形的两角与另一个三角形的两角对应相等，那么这两个三角形相似。

简述为：两角对应相等，两个三角形相似。

符号表达式：

在△ABC和△A₁B₁C₁中，

∵ ∠A=∠A₁，∠B=∠B₁，

∴ △ABC∽△A₁B₁C₁.

【设计意图】

从探索三角形全等的研究方法和具体内容出发，分别进行类比，强调已有知识与新知识的有效衔接，让新知识的"生长"和"生成"合情合理、有根有据。通过启发式的问题，帮助学生指明研究方向：类比全等三角形的判定过程；通过独立思考和组内讨论，归纳、猜想判定相似三角形的四个新命题；最后通过思考与解决问题3，完成对其中一个命题的证明，也就获得了相似三角形的第一条判定定理。教学过程聚焦学生活动经验的积累，以学生"说"和"做"为主，教师适当补充，引导学生调用已有的知识和经验，发展学生自主构建知识体系的能力，培养其迁移学习、归纳推理的意识。

三、应用与检测

【例题1】已知，在△ABC 和△DEF 中，如果∠A＝∠D＝70°，∠B＝60°，∠E＝50°，那么△ABC 和△DEF 相似吗？请说明理由.

【学习要求】

1. 独立审题思考，梳理解题思路；

2. 完成解题过程，交流解题方法。

【例题2】已知：如图，D、E 分别是△ABC 的边 AB、AC 上的点，且∠AED＝∠B.

求证：$AE \cdot AC = AD \cdot AB$.

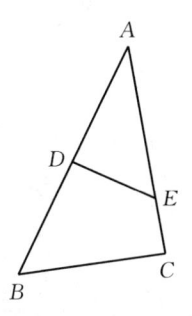

【例题3】情境再现：如何测量金字塔的高度呢？

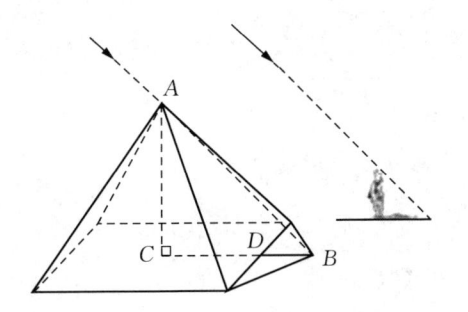

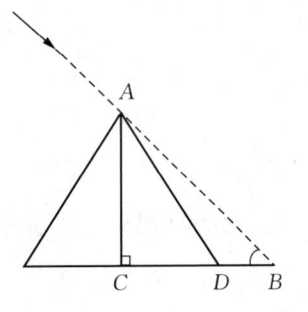

【设计意图】

例题1、例题2是对"两角分别相等的两个三角形相似"判定定理的巩固,训练学生推理的条理性和逻辑性;例题3回归初始的问题,让学生再一次感受数学学习的价值所在——"问题来源于实际,又回到实际中去"。

四、作业与评价

(一)知识梳理

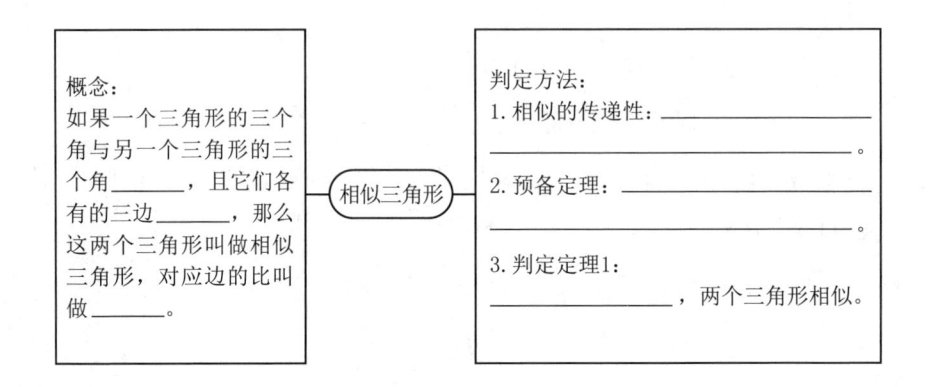

概念:
如果一个三角形的三个角与另一个三角形的三个角_____,且它们各有的三边_____,那么这两个三角形叫做相似三角形,对应边的比叫做_____。

相似三角形

判定方法:
1. 相似的传递性:_____。
2. 预备定理:_____。
3. 判定定理1:_____,两个三角形相似。

(二)巩固检测

1. 如图,已知点 D、E 分别在 $\triangle ABC$ 的边 AB、AC 上,$DE \parallel BC$,CD 与 BE 相交于点 O,那么,图中有哪几对三角形是相似三角形?

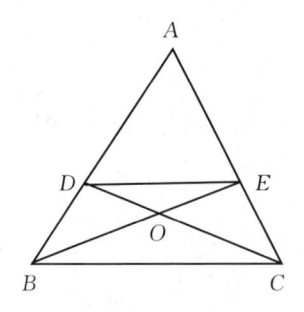

2. 求证:底角对应相等的两个等腰三角形相似.

3. 已知:在 $\triangle ABC$ 中,$\angle C = 90°$,CD 是斜边 AB 上的高.
   求证:$\triangle ACD \backsim \triangle CBD \backsim \triangle ABC$.

4. 已知：如图，△ABC 是等边三角形，点 D、E 分别在边 BC、AC 上，∠ADE＝60°.

求证：△ABD∽△DCE.

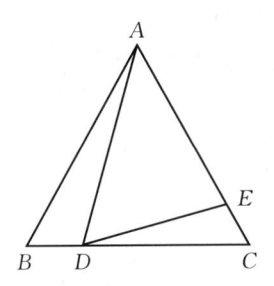

【设计意图】

作业是经过单元系统设计的，每节新授课后的笔记整理均是作业的组成部分。巩固检测则主要引用或改编自配套的练习册，旨在促进"教—学—评"的一致性。

漫谈"出入相补原理"

【教材分析】

本节课选自沪教版《九年义务教育课本·数学》九年级第一学期第二十四章"相似三角形"中的阅读材料二。"出入相补原理"即一般所说的"割补原理"，又叫"等积变换原理"。它是中国古代数学中的重要原理之一：通过图形的"割补""等积变换"，解决几何问题，简明、直观，又蕴含了数形结合、化归等数学思想，是中国古代数学家解决有关问题的重要依据。

本节课以测高问题为载体，引导学生初步了解"出入相补原理"，在体验古人如何运用"出入相补原理"解决实际问题的过程中，体会化归、数形结合、方程等数学思想。在提高学生思维能力的同时，让学生感受"出入相补原理"的应用价值，增进对中国古代数学及其价值的了解，增强文化自信。

【学情分析】

学生从小学开始,就在积累运用"割补"方法的经验和初步意识。如平行四边形、三角形、梯形等平面图形面积公式的获得,七年级平方差公式的验证,八年级勾股定理的证明,这些都为本节课了解"出入相补原理"做好了知识和方法上的铺垫。九年级的学生处于形式运算阶段,具备抽象逻辑思维论证的能力,为本节课的学习提供了思维基础。

【教学目标】

1. 通过回顾平行四边形等图形面积公式的推导过程,以及用图形面积直观验证平方差公式等经历,体会"出入相补原理"在平面图形中的意义,增进对图形等积变换的认识。

2. 再现我国古代数学家运用"出入相补原理"推出矩形中线段间数量关系的过程,并运用这组线段间的数量关系解决测高问题,体会古人的模型思想、化归方法、数形结合思想及方程思想等。

3. 通过对"出入相补原理"及其在测量问题中应用的了解,感受我国古代数学的悠久历史和杰出智慧,增强民族自信、文化自信和爱国情感。

【教学重点与难点】

教学重点:由"出入相补原理"推出的矩形中线段间的数量关系。

教学难点:运用"出入相补原理"解决较复杂的实际问题。

【教学过程】

一、情境与问题

1. 回顾古希腊数学家如何运用相似三角形的相关知识解决金字塔测高问题。

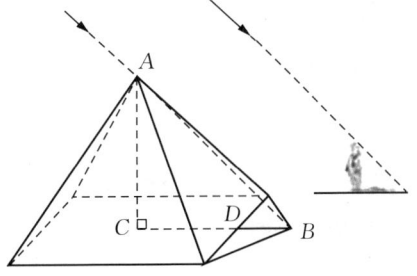

2. 介绍中国古代数学家测量海岛高度的方法——引入"出入相补原理"。

"今有望海岛，立两表，齐高三丈，前后相去千步，令后表与前表参相直。从前表却行一百二十三步，人目着地取望岛峰，与表末参合。从后表却行一百二十七步，人目着地取望岛峰，亦与表末参合。问岛高及去表各几何？"

【设计意图】

学生在之前的学习中已经有了用相似三角形的相关知识解决金字塔高的经验。通过介绍我国古代测量海岛高的方法引入"出入相补原理"，帮助学生感受人类在解决类似问题时方法可以是多样的，激发学习兴趣。

二、活动与思考

【活动1】揭示出入相补原理

1. 阅读"出入相补原理"相关材料。

"出入相补原理"（又称"以盈补虚原理"），其核心思想是等积变换，也就是说一个几何图形（平面的或立体的）被分割成若干部分后，各部分的面积或体积的总和保持不变。"出入相补原理"最早是由三国时期魏国数学家刘徽在研究勾股定律时提出："勾股各自乘，并，而开方之，即弦。勾自乘为朱方，股自乘为青方，另出入相补，各从其类，因就其余不移动也，合成弦方之幂，开方除之，即弦也。"

2. 回顾"出入相补原理"在推导平行四边形面积公式、验证平方差公式中的应用。

【设计意图】

通过阅读材料初步认识"出入相补原理",通过回顾平行四边形面积公式的推导过程、平方差公式的验证,了解"出入相补原理",体会"出入相补原理"在平面图形中的意义,增进对于图形"等积变换"的认识。

【活动2】建立出入相补模型

如图,设 O 是矩形 $ABCD$ 的对角线 AC 上任意一点,过点 O 分别作一组邻边的平行线 PQ、SR,直线 PQ 分别与边 AD、BC 交于点 P、Q,直线 RS 分别与边 AB、DC 交于点 R、S.可得 PO、OS、RO、OQ 这四条线段存在怎样的比例关系?

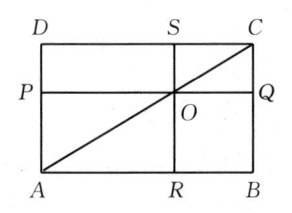

【学习要求】

1. 独立思考,尝试写出猜想并予以证明;

2. 同伴交流,梳理归纳。

归纳:三角形 ACD 与三角形 ACB 面积相等,三角形 AOP 与三角形 AOR、三角形 COS 与三角形 COQ 面积又都相等,可得矩形 $DPOS$ 与矩形 $ORBQ$ 面积相等,所以 $PO \cdot OS = RO \cdot OQ$,即 $PO:OQ = RO:OS$.

【设计意图】

通过体会古人运用"出入相补原理"得到两个矩形的面积相等,再次增进对于"出入相补原理"的理解。从中获得的线段间的数量关系也为后续解决测量问题建立了模型。

三、应用与检测

【例题】如图,为了测量海岛有多高,可用一根标杆 CD 试插在适当的位置,从 CD 退至点 G 的位置,使得人在点 G 处贴着地面正好能够观测到杆顶 C 和岛峰 A,即点 G 与点 A、点 C 在一直线上.设标杆 CD 高为 a 米,DG 长为 b 米,如果可以测量到 BD 的长为 c 米,求海岛 AB 的高.

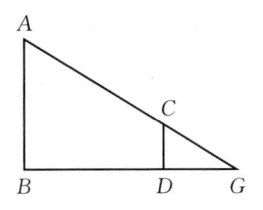

【学习要求】

1. 独立审题思考,梳理解题思路;
2. 完成解题过程,交流解题方法。

【变式】如图,为了测量海岛有多高,先后立两根标杆 CD、EF,令后杆、前杆与海岛对齐,$CD=EF=a$ 米,前后相距 DF 长为 d 米.人在点 G 处贴着地面正好能够观测到杆顶 C 和岛峰 A,即点 G 与点 A、点 C 在一直线上,$DG=b$ 米.同样在点 H 处贴着地面也正好能够观测到杆顶 E 和岛峰 A,即点 H 与点 E、点 A 也在一直线上,$FH=e$ 米.问岛高 AB 多少米?

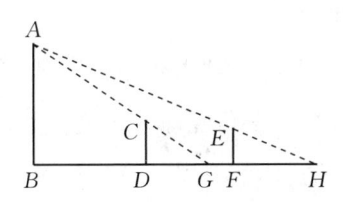

【设计意图】

借助变式题组,引导学生运用"出入相补原理"获得的结论解决测海岛高问题,体会"出入相补原理"在解决实际问题中的应用价值,体会古人的模型思想和化归方法,感受我国古人的智慧。

四、作业与评价

1. 请选择以下任一图形，由其中的矩形面积相等推出相应的线段数量关系，进而运用所得的线段数量关系解决例题及其变式．

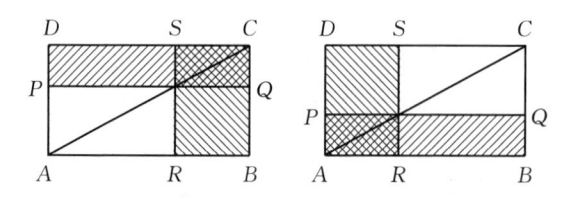

2. 测量河宽

小明在河边点 B 的位置，他的正对面河边点 A 位置有一棵柳树．假设小明不能过河，且忽略柳树到河的距离不计，小明想要测量河宽 AB．他手上现有的工具有卷尺（可以测量距离）、经纬仪（可以测出任意两点或三点是否在同一直线上）．你能帮他设计一个测量方案吗？请在下图中画出图形，并说明你的测量方法．

3. 续谈"出入相补原理"

请同学们自行查阅资料，了解"出入相补原理"在其他方面的运用．例如以四人小组为单位，选择一个角度深入研究．然后将研究结果制成数学小报，进行展示交流．（完成时间：2周）

【设计意图】

作业1是课堂问题的衍生探究，进一步帮助学生体会如何运用矩形面积相等获得的线段间的数量关系解决测量问题．作业2让学生进一步尝试自主设计测量方案，以此进一步培养学生分析问题、解决实际问题的能力，发展核心素养．作业3则是在本节课抛砖引玉后，帮助学生对"出入相补原理"这一重要思想方法的进一步了解．

第六章 "二次函数"教学设计案例

第一节 "二次函数"单元教学设计

一、单元规划

（一）课程标准分析

"二次函数"这一学习主题是教育部制定的《义务教育数学课程标准（2022 年版）》（以下简称《义教课标》）中所明确的第四学段（7～9 年级）"数与代数"课程内容中的一个重要学习主题。

在《义教课标》中，"二次函数"这一主题相关课程的内容要求与学业要求分别如下（表 6-1、表 6-2）。

表 6-1 《义教课标》第四学段数与代数学习主题"二次函数"的内容要求

内容要求
1. 通过对实际问题的分析，体会二次函数的意义。
2. 能画二次函数的图象，通过图象了解二次函数的性质，知道二次函数系数与图象形状和对称轴的关系。
3. 会求二次函数的最大值或最小值，并能确定相应自变量的值，能解决相应的实际问题。
4. 知道二次函数和一元二次方程之间的关系，会利用二次函数的图象求一元二次方程的近似解。

表 6-2 《义教课标》第四学段数与代数学习主题"二次函数"的学业要求

学业要求
1. 会通过分析实际问题的情境确定二次函数的表达式,体会二次函数的意义;会用描点法画出二次函数的图象,会利用一些特殊点画出二次函数的草图;通过图象了解二次函数的性质,知道二次函数的系数与图象形状和对称轴的关系。
2. 会根据二次函数的表达式求其图象与坐标轴的交点坐标;会用配方法将数字系数的二次函数的表达式化为 $y=a(x-h)^2+k$ 的形式,能由此得出二次函数图象的顶点坐标,说出图象的开口方向,画出图象的对称轴,得出二次函数的最大值或最小值,并能确定相应自变量的值,解决简单的实际问题。
3. 知道二次函数和一元二次方程之间的关系,会利用二次函数的图象求一元二次方程的近似解。

"二次函数"单元的学习内容均从属于"二次函数"这一主题。对应上海义务教育阶段的初中数学教材,将"二次函数"单元安排在九年级第一学期学习。

(二)教材编排结构

1. "函数"相关内容在上海初中数学教材中的编排

"函数"这一学习主题的主要学习内容,上海的初中数学教材在编写时采用的是"分步学习,螺旋上升,分层处理"的基本思路和编排策略。另有一部分与学习"二次函数"单元有紧密联系的内容也会在初中不同时段的数学教学中提前落实(表 6-3)。

表 6-3 "二次函数"相关内容在上海初中数学教材中的分布

阶段	学习时段		学习内容
1	八年级	第一学期	函数的概念
			正比例函数
			反比例函数
			函数的表示法
2	八年级	第二学期	一次函数的概念
			一次函数的图像与性质
			一次函数的应用

续表

阶段	学习时段	学习内容
3	九年级 第一学期	二次函数的概念
		特殊二次函数的图像
		二次函数 $y=ax^2+bx+c$ 的图像

"分步学习"的设计,是从初中学生数学认知发展规律着眼,从初中学生数学经验积累的历程着手,对"函数"的知识内容分步骤进行学习的方式。从常量数学到变量数学,这一认知上的转折使得函数的学习对八年级学生来说还是存在一定困难,但学生已经具备一定的抽象能力,并且模型观念正在逐步提高,因此在八年级首先安排学生初步认识函数的概念,并以两类较为简单的具体函数:正比例函数和反比例函数为例了解"函数"的主要研究内容和研究方法,再通过一次函数的学习进一步积累函数的学习经验,体会从特殊到一般的研究策略等,为后续九年级对"二次函数"的学习做好铺垫,为学生借助学习经验调用数学思想、方法和策略提供基础。

随着初中学生数学学习经验的不断积累,其对数与代数内容的认知水平也逐步提升,理性分析、逻辑思维、数学表达的意识与能力也不断增强。将"数与代数"和"图形与几何"等内容合理交叉,并使"数与代数"内容"螺旋上升"的设计,正是顺应学生这种认知发展规律的处理策略。

考虑到适应学生个体差异和不同的学习需要,《义教课标》在"函数"这一学习主题的内容有一部分为选学内容。因此,教材将一部分相关内容编写在九年级教材"拓展Ⅱ"之中。这一设计体现了"分层处理"的教材编写设计思想。"分层处理"的设计,一方面体现了遵循数学学习的规律、重视为全体学生打好共同基础、适应不同学生对数学的需要的课程理念,另一方面能为部分学生后续的高中数学学习做好必要的知识储备(表6-4)。

表 6-4 "二次函数"相关内容在上海初中数学教材中的分层编排

学习主题	九年级第一学期教材内容	九年级拓展Ⅱ教材内容	后续相关高中内容
二次函数	二次函数的概念；特殊二次函数的图像；二次函数 $y=ax^2+bx+c$ 的图像	二次函数与一元二次方程；二次函数解析式的确定	函数的概念（对应说）；函数的基本性质等

2. "二次函数"单元知识结构

本单元主要包括"二次函数的概念""二次函数的图像"两个部分，注重构建二次函数的基本知识体系和展现有关函数研究的一般方法。综上分析与说明，"二次函数"单元知识结构图设计如下（图 6-1）。

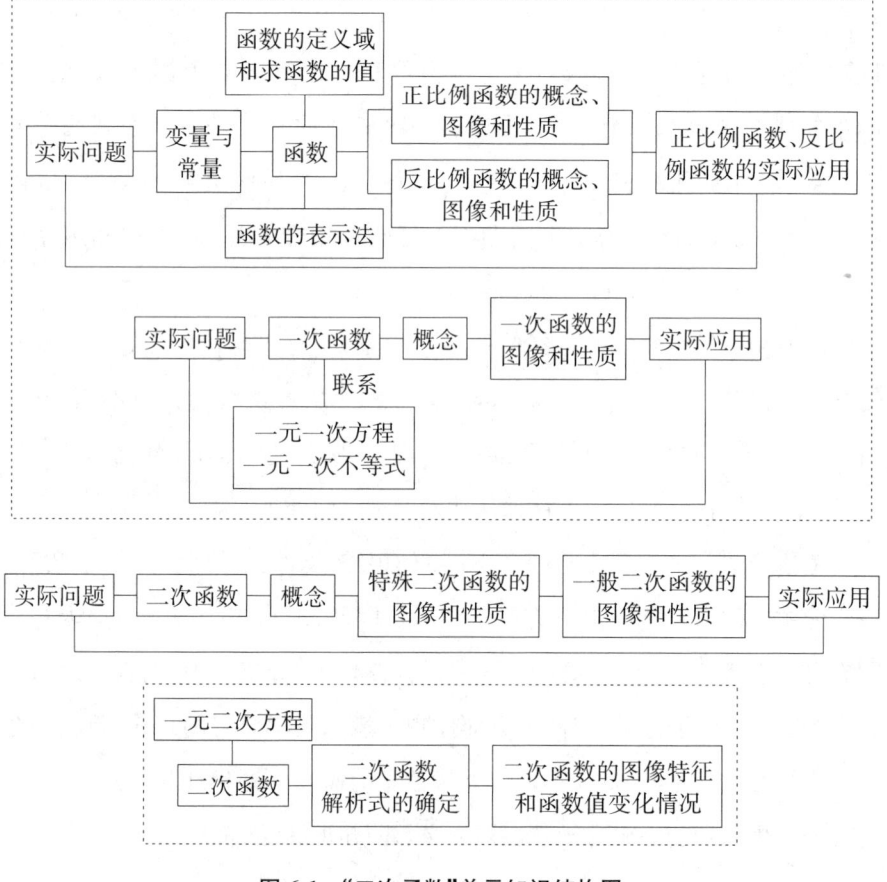

图 6-1 "二次函数"单元知识结构图

（三）单元课时划分

根据教材的教学建议和对本单元的分析与规划,本单元安排教学总课时为 12 课时。依据本单元学习主题及其下位的学习专题,可将本单元各课时教学内容规划如下(表 6-5)。

表 6-5 "二次函数"单元课时划分

单元学习主题	主题课时	学习专题	专题课时
二次函数的概念	2 课时	二次函数单元起始课	1 课时
		二次函数的概念	1 课时
二次函数的图像	9 课时	特殊二次函数的图像	3 课时
		二次函数 $y=ax^2+bx+c$ 的图像	6 课时
单元复习与小结	1 课时	单元复习与小结 利用函数的图像研究函数	1 课时
本单元总课时			12 课时

二、单元教学内容解析

（一）单元核心内容与教法分析

上海初中数学教材九年级第一学期"二次函数"这一章的内容是"二次函数"单元的主体部分。教材将本章主要分成"二次函数的概念""二次函数的图像"两个部分,进一步又将"二次函数的图像"分为"特殊二次函数的图像"和"二次函数 $y=ax^2+bx+c$ 的图像"。

1. 二次函数的概念

对二次函数概念的理解是后续探究其图像、性质及实际应用的基础。二次函数是描述现实世界变量之间关系的重要数学模型,因而开展"二次函数的概念"教学时,应注重二次函数与现实的联系,引导学生从具有现实情境的函数关系出发,通过归纳函数解析式的形式特征,形成二次函数的概念。

教学中，应充分利用学生已有的学习经验，通过复习以一次函数为例的函数概念学习的过程，建立学习基础，引导学生归纳二次函数的定义。在掌握了以解析式的形式呈现的二次函数概念后，引发学生逐步思考还可以研究哪些与函数概念相关的内容，自主开展对二次函数概念的探究。

这部分内容的教学，应突出二次函数概念形成的过程，进一步体会类比、从特殊到一般的思想，发展学生自主学习的能力；重视实际问题与二次函数间的联系，初步感受函数的实际应用价值。

2. 特殊二次函数的图像

二次函数的图像的探究较为复杂，因此，可以先研究一些简单的、特殊的二次函数的图像，以研究形如 $y=ax^2$ 的二次函数为起点，以研究形如 $y=ax^2+c$、$y=a(x+m)^2$ 的二次函数为桥梁，从中发现一些规律，逐步过渡到研究具有一般意义的二次函数，这也渗透了从特殊到一般的研究方法。学习内容上主要关注特殊二次函数图像的画法和图像的开口方向、对称轴、顶点坐标、最高点或最低点、上升或下降等特征。重视知识之间的联系，运用从特殊到一般的策略，有层次地推进教学。

关于二次函数的图像和直观性质的讨论，是分阶段进行和逐步递进的，所采用的策略是从特殊到一般、先分解再组合。这一策略的具体体现，一是从研究特殊形式表示的二次函数到研究一般形式表示的二次函数；二是对表示形式不同的二次函数进行研究时有关解析式中的系数从数字到字母。最初的研究是以简单的、具体的二次函数 $y=x^2$ 为对象，利用描点法画出它的图像，从而引出抛物线的有关特征，然后研究形如 $y=ax^2$ 的二次函数。在此基础上，再对形如 $y=ax^2+c$、$y=a(x+m)^2$ 的二次函数进行研究，运用图形平移的变换思想并利用对 $y=ax^2$ 研究的成果，导出了这两类特殊的二次函数的图像和直观性质。

教学时应重视学生已有的学习经验，让学生经历从正比例函数的图像与性质到一次函数图像与性质的研究过程。他们从中不仅获得了用描点法画函数图像以及利用图像研究函数性质的基本方法,还体会到从特殊到一般的策略和图形平移运动的思想在函数研究中所起的作用。因而可引导学生自主探索最初可从哪种形式的二次函数开展研究,并引发不断对后续还要研究的二次函数的形式以及这些二次函数之间可能会以什么方式产生关联的思考,对有关数学思想方法和思维策略的运用不断加深体验。

3. 二次函数 $y=ax^2+bx+c$ 的图像

这一部分内容主要研究一般的二次函数的图像和直观性质,并用于解决简单的实际问题。在研究了三个简单特殊的二次函数的基础上,再来研究一般的二次函数的规律,可以起到水到渠成的效果,此时研究二次函数 $y=a(x+m)^2+k$ 图像与性质,学生就较易接受和理解。形如 $y=a(x+m)^2+k$ 的二次函数,可以看作形如 $y=ax^2+c$ 与 $y=a(x+m)^2$ 两类函数的组合,于是利用图形两次平移的合成,得到了二次函数 $y=a(x+m)^2+k$ 的图像和直观性质。最后对一般形式表示的二次函数 $y=ax^2+bx+c$ 的研究,只要运用配方法将它化为 $y=a(x+m)^2+k$ 的形式,有关问题随之解决。

教学中,应有效结合信息技术,帮助学生更好地分析和归纳图像的特征,或者验证所获得的结论,将"形"与"数"结合起来,更有效地探索规律,突破难点,加强几何直观。同时应突出二次函数与现实的联系,关注知识的实际应用。让学生体验由感性到理性的认知过程,体会学与用的结合对理解数学的促进作用,感受数学的实际应用价值。

引导学生关注到对不同形式的二次函数的研究,采用了相同的方法和类似的呈现方式,形成有层次地逐步推进的序列,让学生有空间充分调动已有的知识经验参与学习活动。在教学中,一方面展现对二次函数研究的过程,另一方面加强关于研究策略和方法的指导,使学生在获得知识的同时,学会数学思考,提高探究性学习的能力。

基于上述对教材该章主要内容的分析,本单元的教学重点是:二次函数的概念、二次函数的图像和性质、二次函数的实际应用;领会从特殊到一般、先分解再组合、类比、数形结合等研究的策略和方法。

(二)单元内容的育人价值

《义教课标》指出,数学是人类文化的重要组成部分,数学素养是现代社会每一个公民应该具备的基本素养。作为促进学生全面发展教育的重要组成部分,数学教育既要使学生掌握现代生活和学习中所需要的数学知识与技能,更要发挥数学在培养人的思维能力和创新能力方面的不可替代的作用。数学课程及其教学,不仅要关注学生对数学知识、技能、思想方法的掌握,关注其数学能力的发展,而且要有助于学生理解数学的社会价值,领略数学文化的内涵,体验数学思维方式和方法,形成良好的思维品质,促使学生的数学素养全面提高。要让学生学习自行获取数学知识的方法,体会数学思考和再创造的过程,增强学习的兴趣和自信心,不断提高自主学习的能力,帮助学生确立终身学习的愿望,奠定终身发展的基础。基于此,我们可以结合"二次函数"单元的内容,在教学过程中深入挖掘以下育人价值。

1. 完善函数的知识结构,落实"四基"

"函数"是刻画两个变量之间数量关系的一种数学模型,是数学课程内容中的一个"大概念",其相关内容会分布在小学、初中和高中等不同学段。在不同学段的学习方法和目标要求也各有侧重:小学阶段重在熟悉数字或图形间的规律,为中学阶段学习函数做好铺垫;初中阶段重在掌握函数研究的一般过程与方法,为今后对函数进行解析研究提供基础;高中阶段重在深入研究函数的本质,揭示函数的基本性质。二次函数作为一个完整的基本初等函数,又是联系初中与高中函数内容的桥梁,除了基本的函数性质,还包含图形运动、数形结合等数学思想。通过这一内容的学习,学生不仅能继续在基础知识和基本技能方面有所收获,也能继续加深对基本数学思想的感悟和基本活动经验的积累。

2. 感悟函数的研究方法,发展"四能"

函数是初中数学数与代数部分的重要学习主题之一。九年级的学生在函数学习方面已有一定经验，同时在抽象能力、模型观念、几何直观方面都已处于初中阶段的较高层次。因此，本单元的教学可进一步减缩教师直接讲授的环节，尤其关注学生发现问题、提出问题、分析问题和解决问题能力的发展与提升。一方面，应重视本单元中的典型活动，这些活动承载着函数探究的常用方法，对方法的感悟更有利于学生在今后的新知学习或问题解决活动中增强问题意识，学会自主发现并提出问题。另一方面，应重视通过典型活动领悟函数的相关概念、基本性质、实际应用等方法，更好地体会数学思想，做好继续学习和研究函数的准备。

3. 参与数学问题探究与解决，感悟"三会"

数学为人们提供了一种认识与探究现实世界的观察方式。二次函数是一类常见的函数，它是描述现实世界中两个变量之间的数量关系和变化规律的一种数学模型，从实际问题的变量关系中发现二次函数应用的可能，培养学生数学的眼光。

数学为人们提供了一种理解与解释现实世界的思考方式。通过"二次函数"单元的学习，学生能更好地理解运用数学思想、方法和策略对数学研究的重要意义。学生不仅能通过单元中的典型活动探究二次函数的概念、图像和性质，更能建立对象之间的联系，有利于构建完整的知识体系。

数学为人们提供了一种描述与沟通现实世界的表达方式。在本单元的学习中，通过对符号语言、图形语言和自然语言的准确、合理运用，学生可以进一步体验数学语言如何简约、精确地描述与函数有关的内容，理解他人的描述并进行有效沟通。"二次函数"与学生的现实生活经验联系紧密，在本单元的学习中，可以通过基于现实情境的数学问题探究活动来加强学生的模型观念，并在尝试运用数学模型表达和解决问题的过程中，发展学生基于数学的应用意识和创新能力。

4. 关联认知经验于新知构建过程，学会学习

数学课程应遵循认知心理发展的规律，合理组织教学内容，展现知识的

发生、发展、形成和应用的过程,加强数学活动,为学生获得发挥主体性和创造性的学习体验和认知经验提供机会。

在本单元学习过程中,充分体现了从特殊到一般、先分解再组合的策略思想,有效运用了图形变换、数形结合的数学思想,具体展示了认识函数并对函数进行直观性分析的基本方法。让学生体会这些基本的数学思想、策略和方法,不仅是学好本章内容的基础,而且对学生进一步学习数学和分析、处理问题也有积极的作用。在本单元的教学中,以研究二次函数为载体,加强数学思想方法的教学。可针对一节课的教学任务,提出研究什么、怎样研究的问题。如:本单元从单元起始课初识章节所学内容到对二次函数图像和性质的探究过程,都强调引导学生积极调用已有学习经验开展自主探究;还可以通过基于现实情境的实践活动,发展数学应用意识和创新能力,如在二次函数的实际应用中为学校设计栅栏、运用函数图像设计班徽等。

教师应加强这些数学新知构建活动与问题解决活动的过程设计,更好地支持学生在独立思考的基础上与他人充分交流思想、分享经验、有效合作,体验数学知识的广泛运用,从学会变得会学,为今后的数学学习乃至终身学习奠定基础。

三、单元学情与学法指导

(一)学习基础

根据上海市义务教育阶段数学课程的实施过程,学生在小学阶段已经对在图形或数字间找出规律有了初步的经验。初中阶段,学生在"正比例函数和反比例函数"单元掌握了函数的概念,学习了正比例函数和反比例函数,了解了函数的主要研究内容和方法;在"一次函数"单元的学习中进一步积累函数的学习经验,体会从特殊到一般、由图形变化建立函数关联的研究策略等,这些都为本单元探究二次函数做好了知识与方法上的铺垫。

(二) 学法指导

"二次函数"单元的学习处于九年级第一学期,已处于初中阶段数与代数学习的最后阶段,学生已经积累了一些函数的学习经验。为此,本单元的学法指导,要更多引导学生迁移以往的函数学习经验融入新知学习,给予学生更多自主阅读、合作交流、实践探究的机会。鼓励学生在学习过程中经常思考"学什么""怎么学";针对一个问题的解决,让学生经常反思所用的数学方法和获得的经验,引导学生体会数学思想方法的作用,加深对数学思想、方法和策略的认识;在实际情境的问题解决活动中,初步学会运用函数模型来分析和解决实际问题,提高数学应用的意识。

四、单元教学目标设定

依据《义教课标》相关课程内容要求与学业要求,结合上述对单元内容和教学方法的分析,现将"二次函数"单元的教学目标设置如下。

1. 经历从实际问题引入二次函数的过程,理解二次函数的概念。

2. 知道二次函数的图像是抛物线,会用描点法画出用解析法表示的二次函数的大致图像。

3. 知道通过平移二次函数 $y=ax^2$ 的图像得到二次函数 $y=ax^2+c$、$y=a(x+m)^2$ 和 $y=a(x+m)^2+k$ 的图像的规律;会用配方法把二次函数的解析式 $y=ax^2+bx+c$ 化为 $y=a(x+m)^2+k$ 的形式。

4. 能根据二次函数的解析式指出这个函数图像的开口方向、对称轴、顶点坐标以及最高点或最低点等特征,知道图像上升或下降的情况,认识函数的直观性质。

5. 在已知二次函数的三组对应值(即抛物线上三点的坐标)的条件下,会用待定系数法确定二次函数的解析式;能用二次函数的知识解决简单的实际问题。

6. 经历对二次函数图像的画法以及图像特征的研究过程,从中领略从特殊到一般、分解与组合的策略以及图形运动、数形结合的思想。

五、单元学习评价设计

参见"相似三角形"单元学习评价设计。

第二节 "二次函数"课时教学设计

二次函数单元起始课

【教材分析】

沪教版《九年义务教育课本·数学》九年级第一学期第二十六章"二次函数"单元共有12课时的教学内容。本节课是单元的起始课，主要内容是回溯函数的学习经验，引进二次函数的概念，初步认识二次函数的图像和性质。本单元对二次函数的研究，是在学生以前学过的函数知识以及一元二次方程等有关知识的基础上进行的，是学生调动已有的基本知识和经验学习函数的重要素材，也为今后对函数进行解析研究提供了思考的基础。建立和理解二次函数的概念是对二次函数逐步开展研究的前提，了解一类特殊二次函数的图像是探究二次函数图像和性质的基础。本课作为单元起始，起着关联新旧知识的作用，为开展二次函数的学习做研究内容与方法上的指引。

【学情分析】

学生已经掌握了三类特殊二次函数图像的直观性质，并且积累了通过平移运动探究函数图像及其直观性质的学习经验，具备了一定的自主探究一般二次函数图像及其性质的能力。但是，学生缺乏对于函数图像运动的本质认知,需要通过本节课,把形如 $y=a(x+m)^2+k$ 的二次函数图像及其性质的探究作为衔接,逐步开展对二次函数 $y=ax^2+bx+c$ 的图像的学习。

【教学目标】

1. 初步认识二次函数,知道二次函数的概念,知道二次函数的图像是抛物线,会用描点法画二次函数 $y=ax^2$ 的大致图像。

2. 经历对特殊二次函数 $y=ax^2$ 图像的探究过程,领略从特殊到一般的策略和数形结合的思想。

3. 在运用类比和归纳获得二次函数的概念及探索二次函数图像的过程中,发展归纳概括、几何直观的能力,增进创新意识。

【教学重点与难点】

教学重点:函数知识的学习过程和方法。

教学难点:画二次函数 $y=ax^2$ 图像。

【教学过程】

一、情境与问题

1. 学生学习单元复习内容,并思考以下问题:

(1) 我们学习过哪些具体的函数?

(2) 对于这些具体的函数,我们学习的内容主要有哪些?

(3) 我们是如何分别就这些主要内容开展研究的?获得了哪些具体结论?

2. 完成"函数知识学习情况"调查问卷。

【设计意图】

让学生带着三个问题学习"函数单元复习与小结""一次函数单元复习与小结"相关内容,回顾函数有关的知识内容与学习过程,并通过"函数知识学习情况"的调查问卷收集令学生记忆深刻或他们认为重要的知识点词条。借助这些活动,不仅唤醒学生对于函数知识的已有认知,也帮助他们在课中回溯所学知识时可以对具体的知识内容有结构化的认识。

3. 以一次函数为例,梳理函数学习的主要内容、研究策略与方法,揭示函数学习的一般脉络。

【设计意图】

以一次函数为例,从研究的主要内容、所涉及的重要研究策略和方法等方面梳理函数知识的学习脉络,目的是和学生一起,将曾经学习过的函数相关知识结构化,并提示本单元的后续课时还将有哪些学习任务。在本活动的引导下,提供学生构建单元框架,整体把握单元知识结构和学习路径,加强学生结构化认识所学知识的意识。

二、活动与思考

【活动1】探究二次函数的概念

学习材料:

(1) 伟大的科学家伽利略曾于1589年进行了著名的"比萨斜塔试验",通过操作实验,验证了他所发现的自由落体运动公式.物体只在重力作用下由静止开始下落,当下落的时间为 x 秒时,下落高度为 y 米,y 是关于 x 的函数.

$y = \frac{1}{2}gx^2$(其中 g 为常数,$g \approx 9.8 \text{ m/s}^2$).

(2) 一个边长为4厘米的正方形,若它的边长增加 x 厘米,则面积随之增加 y 平方厘米,y 是关于 x 的函数.

$y = (x+4)^2 - 4^2$,

即 $y = x^2 + 8x$.

(3) 某工厂8月份的产值为300万元,如果每个月产值的增长率相同,设增长率为 x,而10月份的产值为 y 万元,y 是关于 x 的函数.

$$y=300(1+x)^2$$

即 $y=300x^2+600x+300$.

1. 问题：材料中三个基于现实情境中变量的函数就属于本章所要学习的具体函数，尝试回答：

（1）归纳这一具体函数的特征；

（2）这一具体函数类型的概念可以如何表述？

2. 分析交流。

【设计意图】

从三个具有现实情境的函数关系出发，通过归纳函数解析式的形式特征，引出二次函数的概念。基于此前对于以一次函数为例的函数概念学习过程的梳理，学生具有了解本活动的研究任务和大致方法的基础，初步具备了由学生主导进行学习的能力，因此本活动以提供二次函数的实际情境素材，通过小组活动的方式由学生自主开展二次函数概念的研究，达成"理解二次函数的概念""经历调用已有的基本知识与学习经验来探究二次函数相关知识的过程，发展类比学习的能力，提高敢于探索的科学精神"的目标，指向自主学习能力的发展。

【活动 2】初识二次函数的图像

1. 借助图形计算器演示，通过观察和对话，知道二次函数的图像是抛物线。

2. 画二次函数 $y=ax^2$ 的图像。

3. 展示交流，归纳用描点法画二次函数 $y=ax^2$ 图像的要点。

【设计意图】

运用信息技术，首先让学生对二次函数的图像有初步的认识，知道二次函数的图像是抛物线。通过启发学生借鉴正比例函数与一次函数由解析式中字母的分类讨论而建立起的从特殊到一般的研究方法，让学生自主认识到，对于二次函数图像和性质的研究可以将特殊形式的二次函数作为起点，在分析交流中,不仅要让学生归纳用描点法画二次函数 $y=ax^2$ 的要点,还要引导学生尝试从归纳中进一步体会数形结合的思想。最后通过提问引发学生对后续可能还要研究的二次函数形式、这些二次函数形式之间可能会以什么方式产生联系进行思考,进一步渗透从特殊到一般,先分解再组合的研究策略。

三、作业与评价

1. 整理单元知识脉络图。(跨课时作业)

2. 收集并整理与二次函数有关的数学史资料,以小组为单位准备汇报交流。

【设计意图】

作业是经过单元系统设计,作业1是本单元的跨课时作业,在随后每节新授课后的笔记整理均是作业的组成部分,通过呈现局部生成的单元知识结构图,促进课时主要知识点和学习方法的梳理,在完成本单元的学习之后,学生将收获本单元完整的知识结构图。

二次函数 $y=ax^2+bx+c$ 的图像(1)

【教材分析】

沪教版《九年义务教育课本·数学》九年级第一学期第二十六章"二次函数"单元共有12课时的教学内容。本节课是单元的第6课时,主要内容是在研究了三个特殊二次函数的基础上,再来研究一般二次函数的图像及其性质。通过平移关系来探究二次函数图像的性质是本单元的特点,形如 $y=a(x+m)^2+k$ 的二次函数,可以看作形如 $y=ax^2+c$ 与 $y=a(x+m)^2$ 两类函数的组合,于是利用图形两次运动的合成,可由二次函数 $y=ax^2$ 平移得到二次函数 $y=a(x+m)^2+k$ 的图像,使学生能够通过图形运动的直观感知,将已掌握的特殊二次函数图像的直观性质进行迁移。本课作为探究二次函数 $y=ax^2+bx+c$ 图像的第一节课,起着承上启下的作用。

【学情分析】

学生已经掌握了三类特殊二次函数图像的直观性质,并且积累了通过平移运动探究函数图像及其直观性质的学习经验,具备了一定的自主探究一般二次函数图像及其性质的能力。但是,学生缺乏对函数图像运动的本质认知,需要通过本节课,把形如 $y=a(x+m)^2+k$ 的二次函数图像及其性质的探究作为衔接,逐步开展对二次函数 $y=ax^2+bx+c$ 的图像的学习。

【教学目标】

1. 经历探讨形如 $y=a(x+m)^2+k$ 的二次函数的图像特征的过程,知道抛物线 $y=a(x+m)^2+k$ 与抛物线 $y=ax^2$ 之间的平移关系,掌握 $y=a(x+m)^2+k$ 的图像特征;

2. 能正确说出抛物线 $y=ax^2$ 如何平移得到抛物线 $y=a(x+m)^2+k$ 的过程,能通过二次函数 $y=a(x+m)^2+k$ 的解析式求得图像特征;

3. 经历研究二次函数 $y=a(x+m)^2+k$ 的图像特征的过程,体会数形结合的数学思想和从特殊到一般的研究问题的策略。

【教学重点与难点】

教学重点:抛物线 $y=a(x+m)^2+k$ 与抛物线 $y=ax^2$ 之间的平移关系与抛物线 $y=a(x+m)^2+k$ 的图像特征。

教学难点:形如 $y=a(x+m)^2+k$ 的二次函数的图像特征的探究。

【教学过程】

一、情境与问题

回顾特殊二次函数 $y=ax^2$ 的图像特征;通过上下平移 $|c|$ 个单位可以得到 $y=ax^2+c$,左右平移 $|m|$ 个单位可以得到 $y=a(x+m)^2+k$,并利用平移过程中图像特征的变与不变,回顾后两种特殊的二次函数的图像特征。

思考:如果将抛物线 $y=a(x+m)^2$ 上下平移,所得的抛物线表达式会是什么呢?

【设计意图】

回顾通过函数图像的平移变换,研究特殊二次函数的直观性质的学习过程,为本节课学生自主开展形如 $y=a(x+m)^2+k$ 的二次函数图像特征的探究做好内容和方法上的铺垫。

二、活动与思考

问题1:如果将抛物线 $y=\frac{1}{2}(x+1)^2$ 向上平移3个单位,所得的抛物线表达式是什么?该抛物线具有什么样的图像特征?

【学习要求】

1. 思考:写出猜想;

2. 讨论:与同桌讨论各自的猜想并思考如何进行验证;

3. 交流:分享讨论的结果并尝试对同学的想法提出评价或意见。

追问:抛物线 $y=\frac{1}{2}(x+1)^2$ 向下平移3个单位,所得的抛物线是什么?此时抛物线具有什么样的图像特征?

归纳:$y=a(x+m)^2$ 向上($k>0$ 时)或向下($k<0$ 时)平移 $|k|$ 个单位,所得的抛物线是 $y=a(x+m)^2+k$.

抛物线 $y=a(x+m)^2+k$(其中 a,m,k 是常数,且 $a\neq0$)的对称轴是过点 $(-m,0)$ 且平行(或重合)于 y 轴的直线,即直线 $x=-m$;顶点坐标是 $(-m,k)$。当 $a>0$ 时,抛物线开口向上,顶点是抛物线的最低点;当 $a<0$ 时,抛物线开口向下,顶点是抛物线的最高点。

问题2:对于 $y=\frac{1}{2}(x+1)^2$,是否可以通过 $y=\frac{1}{2}x^2$ 平移得到?是否可以将抛物线 $y=ax^2$ 平移得到抛物线 $y=a(x+m)^2+k$?

归纳:抛物线 $y=a(x+m)^2+k$ 可以通过将抛物线 $y=ax^2$ 进行两次平

移得到,可以是先向左($m>0$ 时)或向右($m<0$ 时)平移 $|m|$ 个单位,再向上($k>0$ 时)或向下($k<0$ 时)平移 $|k|$ 个单位.

议一议:抛物线 $y=a(x+m)^2+k$ 中的 a,m,k 分别决定了图像的哪些特征?

【设计意图】

在该活动中,以问题链引发学生逐层深入思考,起到自主构建新知,促进思维发展的作用。学生完整经历通过函数图像的平移运动来探究函数直观性质的过程,在合作与交流中增进了对函数性质学习方法的掌握,丰富新知构建活动的基本经验。

三、应用与检测

【例题】指出下列抛物线的开口方向、对称轴和顶点坐标:

抛物线	开口方向	对称轴	顶点坐标
$y=2\left(x-\dfrac{1}{2}\right)^2+1$			
$y=-2\left(x+\dfrac{1}{2}\right)^2-1$			
$y=(x+3)^2-4$			
$y=-(x-3)^2+4$			

【练习】下列抛物线可由抛物线 $y=-2x^2$ 分别经过两次平移得到,说出平移的方向和距离.

(1) $y=-2\left(x+\dfrac{3}{2}\right)^2-5$;   (2) $y=-2(x-1)^2+2$.

【设计意图】

通过例题讲解,引导学生初步学会能通过二次函数 $y=a(x+m)^2+k$ 的解析式求得图像特征,能正确说出抛物线 $y=ax^2$ 如何平移得到抛物线 $y=a(x+m)^2+k$,提高运用数形结合的思想方法进行探究的意识,积累解决问题的经验。

四、作业与评价

详见课后作业。

（一）知识梳理

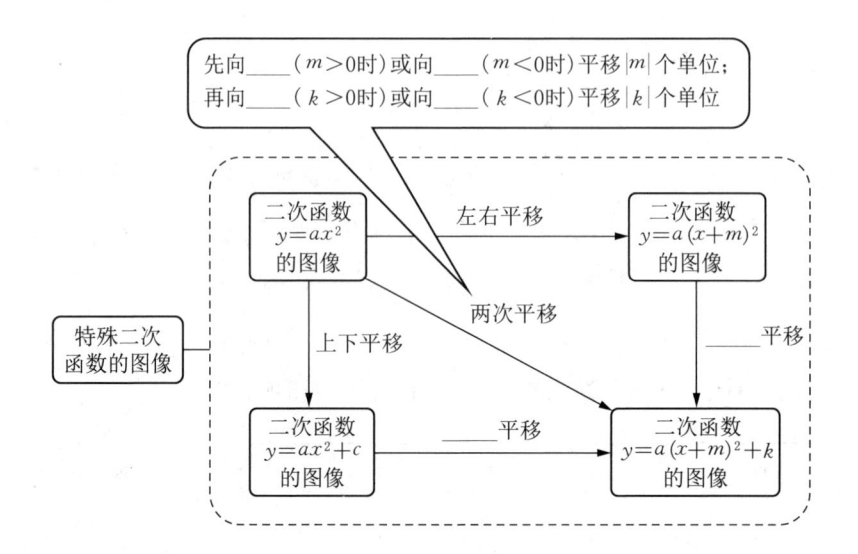

先向____（$m>0$时）或向____（$m<0$时）平移$|m|$个单位；
再向____（$k>0$时）或向____（$k<0$时）平移$|k|$个单位

```
                              左右平移
   ┌─────────┐          ┌─────────┐
   │ 二次函数 │ ───────→ │ 二次函数 │
   │ y=ax²   │          │y=a(x+m)²│
   │ 的图像  │          │  的图像 │
   └─────────┘          └─────────┘
        │     两次平移         │
  上下平移                  ____平移
        ↓                     ↓
   ┌─────────┐   ____平移  ┌──────────────┐
   │ 二次函数 │ ─────────→ │   二次函数    │
   │y=ax²+c  │            │y=a(x+m)²+k   │
   │ 的图像  │            │   的图像     │
   └─────────┘            └──────────────┘
```

特殊二次函数的图像

（二）巩固检测

1. 填空

（1）平移抛物线 $y=3x^2$，使它的顶点与点 $A\left(\dfrac{1}{2}, -1\right)$ 重合，那么所得新抛物线的表达式是_____；

（2）已知抛物线 $y=4(x-m)^2+2+m$ 的顶点在第二象限，那么 m 的取值范围是_____；

（3）已知点 $A(-1, n)$ 和点 $B(3, n)$ 都在抛物线 $y=a(x+m)^2+3-m$ 上，那么这条抛物线的顶点坐标是_____．

2. 将抛物线 $y=2(x-1)^2+1$ 沿着它的对称轴向下平移 m 个单位，如果平移后的抛物线顶点恰好落在直线 $y=3x-4$ 上，那么 m 的值是多少？

3. 在平面直角坐标系 xOy 中，抛物线的顶点 P 的坐标是 $(2, 1)$，与 y

轴交于负半轴上的点 A,且 $\tan\angle PAO=\dfrac{1}{2}$.

(1) 求抛物线的表达式;

(2) 点 B 为抛物线上一点,如果 $\angle PAB=90°$,求点 B 的坐标.

【设计意图】

作业是经过单元系统设计的,每节新授课后的笔记整理均是作业的组成部分。巩固检测则主要引用或改编自配套的练习册,旨在促进"教—学—评"的一致性。

利用函数的图像研究函数

【教材分析】

沪教版《九年义务教育课本·数学》九年级第一学期第二十六章"二次函数"单元共有 12 课时的教学内容。本节课是单元的最后一节课。学生在八年级学习了函数的概念和表示方法,研究了正比例函数、反比例函数、一次函数的图像和性质,九年级进一步学习了二次函数,掌握了研究函数的一些基本方法,具备了进一步学习函数的认知基础。但学生仅仅是熟悉这些函数及其图像性质,对于研究函数的一般方法步骤还没有加以提炼和总结。本节课是课本阅读材料教学,通过引导学生对先前所获得的函数基本知识和经验、所感悟的数学思想和方法进行反思,进一步提炼总结利用函数图像研究函数的一般方法,明确观察图像时所需关注的主要问题,体会从特殊到一般、数形结合的思想方法。学生对于研究函数一般方法和数学思想的认识,不仅有助于其进一步学习数学和研究问题,而且有助于将它们迁移到现实生活中用于分析、处理各种各样的问题。

【学情分析】

学生对学习函数所需经历的一般过程应该并不陌生,而要掌握利用函数的图像研究一个新函数,需要学生从以往的经验中概括提炼出一般方法,这对于学生的归纳总结等综合能力有较高的要求。同时对于函数图像的观察和认知,学生往往只停留在能听懂,但不能内化的层面,因此学生归纳总结起来将有一定困难。而在研究新函数时,如何在所获得的图像中准确得到新函数的特征和性质,也需要学生具备一定的观察和分析能力。

【教学目标】

1. 通过对已学函数图像与性质研究过程的回顾与整理,提炼总结利用函数图像研究函数的一般方法,梳理观察函数图像特征的一般视角;

2. 能运用提炼总结所获得的一般方法解决简单的函数问题;

3. 通过具体问题研究,理解由"形"识"数",由"数"想"形"的数形结合思想,从而提升数学抽象的核心素养。

【教学重点与难点】

教学重点:"利用函数的图像研究函数"一般方法的提炼与总结。

教学难点:梳理知识与提炼方法,运用这些知识和方法研究新函数。

【教学过程】

一、情境与问题

1. 观看视频。

2. 思考问题:根据研究,体内血乳酸浓度升高是运动后感觉疲劳的重要原因,运动员未运动时,体内血乳酸浓度通常在 40 mg/L 以下;如果血乳酸浓度降到 50 mg/L 以下,运动员就基本消除了疲劳。体育科研工作者根据实验数据,绘制了一幅图像。它反映了运动员进行高强度运动后,体内血乳酸浓度随时间变化而变化的函数关系图。想一想用哪种方式消除疲劳更好,为什么?

第六章 "二次函数"教学设计案例

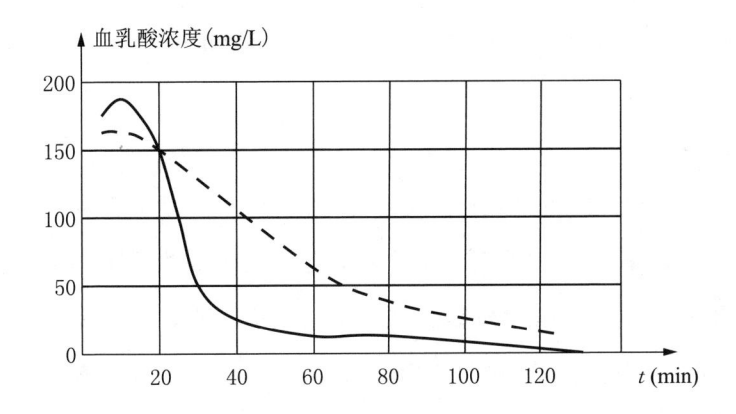

实线表示采用慢跑等活动方式放松时血乳酸浓度的变化情况；

虚线表示采用静坐方式休息时血乳酸浓度的变化情况。

【设计意图】

学生通过学习教师介绍的生活实例,感知数学来源于生活,激发学习兴趣,而问题背景与视频衔接顺畅,引导学生体会函数是非常重要的数学模型,有非常广泛的应用。利用图像来研究生产生活中的实际问题是普遍存在的,其本质就是通过图像研究函数的某些性质。

二、活动与思考

【活动1】回顾研究二次函数图像与性质的大致过程,初步提炼出研究函数图像与性质的一般方法步骤。

问题1：初中阶段我们已经学习了四个函数,那么我们通常是从哪些方面来研究一个函数的？

【活动2】回顾研究正比例函数和一次函数图像与性质的过程,体会不同函数图像之间的联系。

问题2：我们研究函数图像与性质的一般方法是什么？

【活动3】回顾研究反比例函数图像与性质的大致过程,检验提炼出研究函数图像与性质的一般方法步骤的普适性。

问题3:在观察函数图像特征的时候,我们通常会从哪些视角来进行观察?

【设计意图】

回顾与梳理二次函数的研究过程,初步感受、尝试提炼研究函数图像与性质的一般方法步骤,并通过对一次函数与反比例函数图像与性质探究过程的回顾梳理,体会图像的对称性、图像无穷远处的判断与感受等理性思考的作用,不断运用已获得的知识进行验证、补充、修正、完善,增进学生对于函数研究方法的理解,达成"提炼总结利用函数图像研究函数的一般方法,梳理观察函数图像特征的一般视角"的目标。

三、应用与检测

【例题1】研究函数 $y=\dfrac{1}{4}x^3$ 的图像与性质.

【例题2】研究函数 $y=\dfrac{1}{x^2}$ 和 $y=\dfrac{1}{x^2}+1$ 的图像与性质.

【学习要求】

1. 独立思考,尝试用图像法研究相关函数的图像与性质;

2. 讨论:与同桌讨论各自的猜想并思考如何进行验证;

3. 交流:分享讨论的结果并尝试对同学的想法进行评价。

【设计意图】

运用本节课所提炼总结的"利用函数图像研究函数的一般方法",由师生合作以及学生独立完成,从中进一步体会如何运用"利用函数图像研究函数的一般方法",积累解决问题的经验,达成"能运用提炼总结所获得的一般方法解决简单的函数问题"的目标。

四、作业与评价

精读教材第108—109页阅读材料,加深对课堂内容的理解并尝试研究函数 $y=x^4$ 的图像、特征和性质。

【设计意图】

通过问题引发学生进一步探究,将课堂活动延伸到课后,体会"利用函数图像研究函数的一般方法",达到检测、巩固与提升的目的,同时培养学生自主探究的精神、创新的意识、科学严谨的研究态度。

第七章 "概率初步"教学设计案例

第一节 "概率初步"单元教学设计

一、单元规划

(一) 课程标准分析

"随机事件的概率"这一学习主题是教育部制定的《义务教育数学课程标准(2022年版)》(以下简称《义教课标》)中所明确的第四学段(7~9年级)"统计与概率"课程内容中的一个重要学习主题。

在《义教课标》中,"随机事件的概率"这一主题相关课程的内容要求与学业要求分别如下(表7-1、表7-2):

"概率初步"单元的学习内容均从属于"随机事件的概率"这一主题。对应上海义务教育阶段的初中数学教材,将"概率初步"单元安排在八年级第二学期学习。

表7-1 《义教课标》第四学段统计与概率学习主题"随机事件的概率"的内容要求

内容要求
1. 能通过列表、画树状图等方法列出简单随机事件所有可能的结果,以及指定随机事件发生的所有可能结果,了解随机事件的概率。
2. 知道通过大量重复试验,可以用频率估计概率。

表 7-2 《义教课标》第四学段统计与概率学习主题"随机事件的概率"的学业要求

学业要求
1. 能描述简单随机事件的特征(可能结果的个数有限,每一个可能结果出现的概率相等),能用列表、画树状图等方法求出简单随机事件所有可能的结果以及指定随机事件发生的所有可能结果,能计算简单随机事件的概率; 2. 知道经历大量重复试验,随机事件发生的频率具有稳定性,能用频率估计概率; 3. 体会数据的随机性以及概率与统计的关系; 4. 能综合运用统计与概率的思维方法解决简单的实际问题。

(二)教材编排结构

1. "随机事件的概率"相关内容在上海初中数学教材中的编排

"随机事件的概率"这一学习主题的主要学习内容在上海的初中数学教材编写时采用的是"分步学习,螺旋上升"的基本思路和编排策略。另有一部分与学习"随机事件的概率"单元有紧密联系的相关内容也会在初中不同时段的数学教学中提前落实(表 7-3)。

表 7-3 "随机事件的概率"相关内容在上海初中数学教材中的分布

阶段	学习时段		学习内容
1	六年级	第一学期	等可能事件
2	八年级	第二学期	事件及其发生的可能性
			事件的概率

"分步学习"的设计,是从初中学生数学认知发展规律着眼,从初中学生数学经验积累的历程着手,对"随机事件的概率"的知识内容分步骤进行学习的方式。学生可从大量的生活经验中理解随机现象是不确定的,但第一次接触随机现象,真正理解起来并不容易,最终它要么发生,要么不发生,一切皆有可能,结果不确定,这与之前研究的数学问题的结果基本都是确定的有较大差异,这一认知上的转折使得概率的学习对六年级学生来说还是存在一定困难。因此在六年级首先安排学生从等可能事件发生的可能性角度初步认识概率的意义,能在一些实际情境中对一些简单的随机现象发生的

可能性大小做出定性描述,并且六年级的学生掌握了分数运算的能力,能够从部分与整体的视角对可能性的大小做一些简单的测算,为后续八年级了解概率的意义,进一步了解等可能试验下的概率(即"古典概率")打下基础,为"概率初步"的学习做好了铺垫。

随着初中学生数学学习经验的不断积累,其对概率与统计内容的认知水平也逐步提升,理性分析、逻辑思维、数学表达的意识与能力也不断增强。将"概率与统计"和"数与代数"等内容合理交叉,并使"概率与统计"内容"螺旋上升"的设计,正是顺应学生这种认知发展规律的处理策略。

2. "概率初步"单元知识结构

本单元主要包括"事件及其发生的可能性""事件的概率"两个部分,注重介绍概率知识的初步相关概念,建立随机事件的概率的知识基础。综上分析与说明,"概率初步"单元知识结构图设计如下(图7-1)。

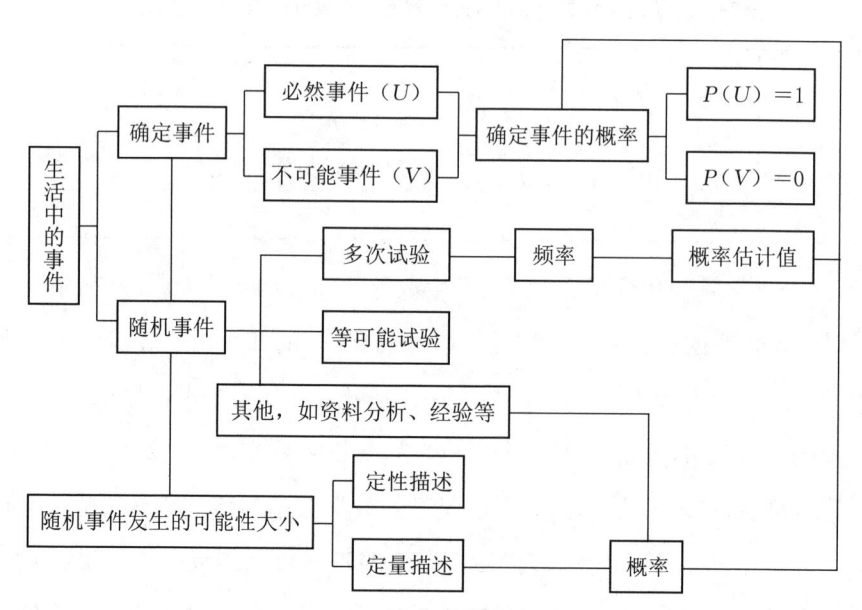

图 7-1 "概率初步"单元知识结构图

(三) 单元课时划分

根据教材的教学建议和对本单元的分析与规划,本单元安排教学总课时为9课时。依据本单元学习主题及其下位的学习专题,可将本单元各课时教学内容规划如下(表7-4)。

表7-4 "概率初步"单元课时划分

单元学习主题	主题课时	学习专题	专题课时
事件及其发生的可能性	2课时	确定事件和随机事件	1课时
		事件发生的可能性	1课时
事件的概率	5课时	事件的概率	3课时
		概率计算举例	2课时
单元复习与小结	2课时	单元复习与小结	1课时
		杨辉三角与路径问题	1课时
本单元总课时			9课时

二、单元教学内容解析

(一) 单元核心内容与教法分析

上海初中数学教材八年级第二学期的"概率初步"这章的内容是"随机事件的概率"单元的主体部分。教材将本章主要分成"事件及其发生的可能性""事件的概率"两个部分。

1. 事件及其发生的可能性

"可能性"教学所研究的问题本质上是随机现象,是非确定性的,在概率(可能性)学习中,帮助学生了解随机现象是重要的。许多随机现象发生的可能性大小是可以预测的,随机现象发生的可能性是对不确定现象的描述。因而开展"事件及其发生的可能性"的教学时,应该重视从生活中的具体实例出发,引出"必然事件""不可能事件",指出两者均为"确定事件",再引出"随机事件"。在理解这三类事件的基础上让学生意识到确定事件是否发生,都是肯定的;而随机事件是否发生具有不确定性,但可以预测其发生的可能性大小,要引导学生初步认识到概率知识与现实世界的联系,再通过具体事例让学生进一步感知基于经验判断事件发生的可能性大小的思考方法,以及用普通词语表述可能性有大有小的方法。使学生知道有时可根据事件发生的条件或有关经验、资料等,对事件发生的可能性大小做出大致的判断,并进行定性描述。

教学时应该重视让学生在实验活动中体验随机性,让学生经历收集数据、在数据分析的基础上估计可能性大小的活动过程,把握简单随机事件发生的可能性大小。要结合学生在学习可能性之前已经积累的生活经验,帮助学生感受确定事件和不确定事件,让学生列举生活中的随机现象,引导学生在现实情境中感受简单的随机现象,利用已有的生活经验,判断时间发生可能性的大小,为决策提供依据,初步体会对不确定性开展研究的意义。

2. 事件的概率

在"事件的概率"这一部分内容的学习中,学生将学习定量刻画随机事件发生可能性大小的方法,形成和发展数据观念。随机事件概率的教学要将事件发生的可能性大小从定性描述转向定量分析,应当通过简单易行的情境,引导学生感悟随机事件,在学生有一定感性认识的基础上引进"概率"的定义,理解概率是对随机事件发生可能性大小的度量;引导学生认识简单随机事件的特征,在此基础上了解简单随机事件概率的计算方法。通过摸牌试验,理解随机事件的概率一般可用大数次随机试验的频率来估计概率,并且概括得出等可能试验的概念,再引导学生从特殊到一般逐步得到等可能试验中事件的概率的计算公式。最后引进画"树形图"的方法,用于分析等可能试验中的所有结果,解决一些等可能试验的概率问题。通过例题引导学生进一步学习用画"树形图"的方法分析等可能试验中事件的概率问题,并进行概率计算,在具有实际背景的"转盘问题"中让学生认识到有些与几何图形有关的概率问题可以与等可能试验中的概率问题互相转化,可以运用转化思想和所学计算公式来解决简单的概率问题。

教学中,教师重视结合实际情境引导学生感悟简单随机事件的特征,了解简单随机事件概率的计算方法,引导学生通过大量重复试验探索随机事件发生概率的规律性,感悟用频率估计概率的道理。

基于上述对"概率初步"这章主要内容的分析,本单元的教学重点是确定事件和随机事件、事件发生的可能性、事件的概率,以及初步运用转化思想和所学计算公式来解决简单的概率问题。

(二)单元内容的育人价值

《义教课标》指出,数学是人类文化的重要组成部分,数学素养是现代社会每一个公民应该具备的基本素养。作为促进学生全面发展教育的重要组成部分,数学教育既要使学生掌握现代生活和学习中所需要的数学知识与技能,更要发挥数学在培养人的思维能力和创新能力方面不可替代的作用。数学课程及其教学,不仅要关注学生对数学知识、技能、思想方法的掌握,关注其数学能力的发展,而且要有助于学生理解数学的社会价值,领略数学文化的内涵,体验数学思维方式和方法,形成良好的思维品质,促使学生的数学素养全面提高;要让学生学习自行获取数学知识的方法,体会数学思考和再创造的过程,增强学习的兴趣和自信心,不断提高自主学习的能力,帮助学生确立终身学习的愿望,奠定终身发展的基础。基于此,我们可以结合"概率初步"单元的内容,在教学过程中深入挖掘以下育人价值。

1. 完善统计与概率的知识结构,落实"四基"

"概率"是研究如何刻画随机现象,从数量上对随机性进行刻画和分析的知识,其相关内容分布在小学、初中和高中等不同学段的教材中。在不同学段的学习方法和目标要求也各有侧重:小学阶段的概率学习主要是定性描述随机事件的可能性,初中阶段则需要对随机事件及其可能性的大小进行初步定量刻画。具体表现为如下几个方面:(1)初步感知随机现象。知道在现实世界中随机现象是普遍存在的,能够列举出各种随机现象的实际例子,通过具体实例感悟随机现象的客观性。(2)初步感悟概率的意义。知道一个随机事件可能发生,也可能不发生;概率是刻画随机事件发生可能性大小的度量,反映了随机现象的数量规律;概率有助于对随机事件的预测,从而采取合理的行为或决策。(3)通过具体实例初步感悟概率的基本特征。知道概率大的随机事件也可能不发生,小概率事件也可能发生;影响随机事件概率的因素有很多。(4)能够描述简单随机事件的特征,即可能的结果有限,而且每一个可能结果的发生概率相同;能通过列表、画树状图等方法列出简单随机事件所有可能的结果,并在此基础上了解简单随机事件概率的计算方法。(5)知道随机事件在进行大量重复试验时,其发生的频率具有稳定性。因此,可以通过大量重复试验,用频率估计概率,体会数据的随机性以及概率与统计的关系。与小学阶段的概率课程相比,初中阶段虽然给出了量化的概率,但仍然属于概率的初步认识。其中的许多概念与方法需要到高中阶段进一步界定。例如,通过高中阶段的样本空间概念可以帮助学生更好地理解随机事件及简单随机现象。

2. 感悟函数的研究方法,发展"四能"

概率单元的学习意义在于树立"随机思想",认识客观世界中各种不确定性现象——随机现象,正确认识现实世界出现的各种现象的"随机"特点,对随机现象有能力从中抽象出相关的数学研究对象,把握事物发展的脉络,会用科学的手段有条理、合乎逻辑地解释现实中的随机现象,并对随机现象进行科学分辨和提出科学的决策意见。

3. 参与概率问题的探究与解决,感悟"三会"

数学为人们提供了一种认识与探究现实世界的观察方式。概率是研究不确定现象的重要工具,学生经历概率内容的学习,在试验活动和生活经验中感知随机性,在通过数据体会随机现象、感悟概率的计算方法的过程中,积累活动经验,引导学生学会从统计与概率的角度认识、理解和表达现实世界中大量存在的随机现象,逐步学会用数学的眼光观察现实世界,尝试用数学的语言解释生活中的现象,发展和形成数据观念和推理意识。

4. 经历对随机现象的研究过程,学会学习

数学课程应遵循认知心理发展的规律,合理组织教学内容,展现知识的发生、发展、形成和应用的过程,加强数学活动,为学生获得发挥主体性和创造性的学习体验和认知经验提供机会。

在本单元学习过程中,一是明确了"随机现象"作为概率的研究对象有着丰富的呈现形式(如天气预报、生物制药、种子培育、地质勘探、产品检测、病毒传播等)。认识到透过"随机"现象探索客观事物本质和规律的过程,提升了主动分辨信息、科学定量分析的意识和能力;二是形成通过随机现象认清事物的变化的不确定性的思维品质。能通过随机思想去思考、洞察事物的本质和发现其内在规律性,寻求解决问题的科学途径,掌握用统计与概率的思想去分析客观世界的变化和发展的手段;三是积累基于"随机"现象分析的活动经验,从活动中感悟随机思想是认识客观世界的基本思想和数学方法,在现实生活中会有意识观察与探索生活中的随机现象,能正确认识随机事件中的偶然性与必然性规律,掌握用确定的数学模型分析解释随机现象的思维模式和解决问题的方法,拓宽认识与探索客观世界规律的视野,提升对现实世界各种现象的正确分辨能力。

三、单元学情与学法指导

(一)学习基础

学生在五年级时已了解随机现象及可能性大小,在六年级时,作为百分数的应用,学习了等可能事件,会计算等可能事件可能性大小,能够对随机事件发生的可能性大小进行定性描述。学生对于生活中处处存在的随机现象不陌生,八年级学生在数学思维上又正逐步由确定思维向不确定思维转化,具备了对随机事件发生的可能性进行定量描述,以及进一步学习概率相关知识的基础和能力。

（二）学法指导

"概率初步"单元的学习应重视通过实例认识随机事件及其特点的过程。在试验活动中积累活动经验；应该侧重正确理解随机事件发生的随机性及规律性，而不过分着眼于如何运用简单随机事件的概率计算公式进行计算；针对一个问题的解决，让学生经常反思所用的数学方法和获得的经验，引导学生体会数学思想方法的作用，加深对数学思想、方法和策略的认识；在实际情境的问题解决活动中，初步学会运用概率模型（即古典概型以及利用频率估计概率的方法）来分析和解决实际问题，提高数学应用的意识。

四、单元教学目标设定

依据《义教课标》相关课程内容要求与学业要求，结合上述对单元内容和教学方法的分析，现将"概率初步"单元的教学目标设置如下。

1. 理解必然事件、不可能事件、随机事件等概念，知道确定事件与不确定事件的含义，对生活中的一些简单的事件，能辨别它是哪一类事件，能根据经验判断一些随机事件发生的可能性的大小并排出大小顺序。

2. 知道事件的概率含义，认识随机事件的概率与这个事件发生之间的关系。

3. 获得参与随机试验活动过程的经历，知道经历大量重复试验，随机事件发生的频率具有稳定性，能用频率估计概率。

4. 知道等可能事件的概念，初步掌握等可能试验中等可能试验事件的概率计算公式。

5. 能用树形图分析等可能试验的全部可能结果以及指定随机事件发生的所有可能结果，并进行概率计算。

6. 知道有些与几何图形有关的概率问题可转化为等可能试验中的概率问题，有些等可能试验中的概率问题可转化为与几何图形有关的概率问题，初步学会运用转化思想和所学计算公式来解决简单的概率问题。

7. 在丰富的数学学习活动中,积累基本活动经验,增强敢于探索且严谨求实的科学精神,提升团队合作的能力。

8. 树立初步的概率意识,初步认识机会与风险、规则公平性与决策合理性等,体会用概率知识解释生活中的简单概率问题,增强应用意识,发展数据观念。

五、单元学习评价设计

参见"相似三角形"单元学习评价设计。

第二节 "概率初步"课时教学设计

确定事件和随机事件

【教材分析】

沪教版《九年义务教育课本·数学》八年级第二学期第二十三章"概率初步"单元共有9课时的教学内容。本节课是单元的起始课,主要是通过讨论实际生活中的一些现象,引入必然事件、不可能事件、随机事件的概念,使学生体验有些事情的发生是肯定的,而有些事情的发生是随机的,帮助学生感悟从不确定性的角度认识客观世界的思维模式。这些内容的学习为本单元后续进一步探究"事件的概率"的学习奠定了基础。

【学情分析】

学生在小学阶段已了解随机现象及可能性大小,在六年级时(上海采用五四学制,六年级系初中的起始年级),作为百分数的应用,学习了等可能事件,会计算等可能事件可能性大小。本单元的学习在思维方式上与其他单元不同,虽然在生活中有很多随机现象,学生在日常生活中也接触过一些随机现象,但他们对这些事件的认识往往基于表面,同时八年级学生在数学思维上正逐步由确定思维向不确定思维转化,所以本节课将通过大量生动具体的实例,让学生在充分感知的基础上,准确理解和把握随机事件的有关概念。希望学生通过本节课的学习获得一些初步的概率知识和形成初步的概率意识。

【教学目标】

1. 理解必然事件、不可能事件、随机事件的概念,知道确定事件与必然事件、不可能事件的关系,会用生活中的简单事例进行说明。

2. 能区分生活中的必然事件、不可能事件及随机事件。

3. 体验从事物的表象到本质的探究过程,感受到数学的科学性及生活中丰富的数学现象。

【教学重点与难点】

教学重点:根据条件正确判断必然事件、不可能事件和随机事件。

教学难点:理解不可能事件是确定事件。

【教学过程】

一、活动与思考

【活动】确定事件和随机事件

1. 问题:想一想,下列现象会不会出现?

(1) 上海明天会下雨;

(2) 将要过马路时恰好遇到红灯;

(3) 室温低于 $-5\ ℃$ 时,盆内的水结成了冰;

(4) 有人把石头孵成了小鸡。

【设计意图】

从生活中的具体例子出发,让学生感受有些事情一定出现,有些事情一定不出现,而有些事情可能出现也可能不出现,激发学生对事件发生的可能性进行研究的兴趣,为概念的形成做好准备。

2. 交流与归纳

(1) 确定事件

在一定条件下必定出现的现象叫做必然事件,例如上述现象(3)。

在一定条件下必定不出现的现象叫做不可能事件,例如上述现象(4)。

必然事件和不可能事件统称为确定事件。

(2) 随机事件

在一定条件下可能出现也可能不出现的现象叫做随机事件,也称为不确定事件,例如上述现象(1)和(2)。

【设计意图】

此部分是本节课的重点,通过学生之间的交流讨论,深刻把握概念中的关键语句,逐步形成确定事件和随机事件的概念,为接下来对于事件的判断打下坚实的理论基础。同时,注重学生与课本之间的联系,锻炼学生对知识的自主归纳能力。

二、应用与检测

【例题1】判断下列事件中,哪些是必然事件?哪些是不可能事件?哪些是随机事件?

(1) 从地面往上抛出的篮球会落下;

(2) 软木塞沉在水底;

(3) 买一张彩票中大奖;

(4) 抛一枚硬币,落地后正面朝上;

(5) 太阳从东边升起;

(6) 足球比赛时,守门员扑出球;

（7）煮熟的鸭子飞了；

（8）水中捞月。

【学习要求】

1. 独立审题思考；

2. 判断事件类型；

3. 交流判断依据。

【设计意图】

通过日常生活中的实例，要求学生根据生活中的经验判断事件的类型，帮助学生理解必然事件、不可能事件和随机事件的概念。

【例题2】下列事件中，哪些是必然事件？哪些是不可能事件？哪些是随机事件？

（1）在实数范围内解方程 $x^2+1=0$，得到两个实数根；

（2）从长度分别为 15 cm、20 cm、30 cm、40 cm 的 4 根小木条中，任取 3 根为边拼成一个三角形；

（3）在十进制中，1+1=2；

（4）任意选取两个非零实数，它们的积为正；

（5）在实数中任取一个数，这个数的平方大于零；

（6）画一个平行四边形，它的对角线互相垂直；

（7）任意选取两个无理数，它们的和是无理数；

（8）10只鸟关在3个笼子里，至少有1个笼子关的鸟超过3只。

【学习要求】

1. 独立审题思考；

2. 判断事件类型；

3. 交流判断依据。

【设计意图】

由生活中的现象过渡到具体的数学问题，加深概念理解，增强学生用所学知识解决问题的能力。

【例题3】布袋中有大小一样的3个白球、2个黑球。

1. 从袋中任意摸出1个球。判断下列事件是什么事件：

(1) 摸出的是白球或黑球；

(2) 摸出的是黑球；

(3) 摸出的是白球；

(4) 摸出的是红球。

2. 从袋中任意摸出3个球。举出随机事件、不可能事件和必然事件各一例。

【学习要求】

1. 先独立思考，再小组讨论；

2. 小组代表交流举例。

【设计意图】

从给定的具体问题进阶到学生自己举例，在活动中进一步加深对必然发生的事件、不可能发生的事件、可能发生也可能不发生的事件的特点的认识，调动学生的积极性，活跃课堂气氛，为后面进一步学习打下基础。

【例题4】兔子和狐狸为了争取运动会的参赛资格，请小狗从写了它们名字的两张纸签中抽取一张，抽到谁，谁就能参赛。狐狸悄悄地把纸签都写上了"狐狸"。小狗抽出一张纸签后说："我们看下还剩哪张，不就知道我抽中了谁吗？"

(1) 根据抽签规则，抽中"狐狸"是什么事件？

(2) 如果狐狸的计谋没有被识破，抽中"狐狸"是什么事件？

(3) 在小狗的计策中，抽中"兔子"是什么事件？

【学习要求】

1. 独立审题思考；

2. 梳理解题思路；

3. 交流解题方法。

【设计意图】

在解决较为复杂的问题中,深入理解概念,加强知识的应用,引起学生的学习兴趣。

三、作业与评价

(一) 知识梳理

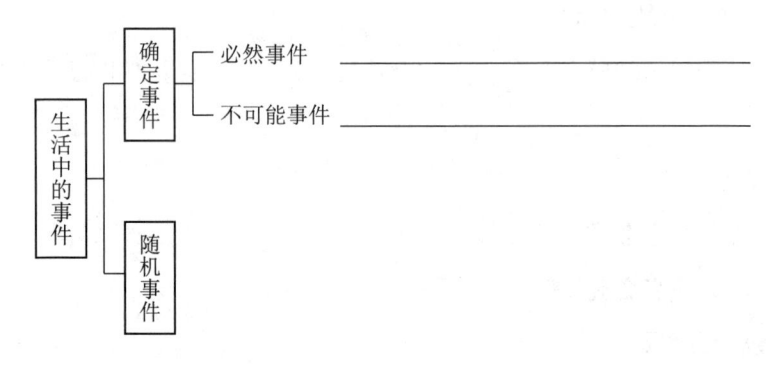

```
生活中的事件 ─┬─ 确定事件 ─┬─ 必然事件　_____
             │           └─ 不可能事件　_____
             └─ 随机事件
```

(二) 巩固检测

1. 以下各事件中,哪些是必然事件?哪些是不可能事件?哪些是随机事件?

(1) 在实数中任取一个数,这个数的平方小于零。

(2) 从有理数中任取一个数平方之后比该数小。

(3) 5 名初中生中,至少有 2 名学生在同一个年级。

(4) 一个袋中有 10 个红球、3 个白球,从中任取一球,然后放回袋中,混合均匀,再取一球。如此反复进行 4 次,4 次全部取到白球。

2. 判断下列说法是否正确(正确的打"√",错误的打"×"):

(1) "上海冬天最低气温不低于 $-2\,℃$",这是必然事件。(　　)

(2) "风大时轮渡会停航",这是不可能事件。(　　)

(3) "在去掉大小王的 52 张扑克牌中抽取 13 张牌,其中恰有 4 张黑桃",这是随机事件。(　　)

(4)"黄浦江每天涨潮",这是必然事件。( )

3. 根据下列说法填空：

(1)自然状态下的水从低处向高处流；

(2)在去掉大小王的52张扑克牌中任意抽取13张牌,其中至少有4张是同一种花色；

(3)打开电视时正在播放广告；

(4)从1、2、5组成的没有重复数字的三位数中,任意抽取一个数能被4整除。

其中必然事件是_____,不可能事件是_____,随机事件是_____。(填事件的序号)

【设计意图】

作业是经过单元系统设计的,每节新授课后的笔记整理均是作业的组成部分。巩固检测则主要引用或改编自配套的练习册,旨在促进"教—学—评"的一致性。

事件的概率(1)

【教材分析】

沪教版《九年义务教育课本·数学》八年级第二学期第二十三章"概率初步"单元共有9课时的教学内容。本课时是本单元的第3课时,是在学习了确定事件、随机事件和事件发生的可能性的基础上,对事件发生的可能性的大小进行定性描述,从而引入事件的概率。以学生熟悉的天气预报为例,让学生对随机事件发生的可能性程度可以用确切的数字(即概率)来表示有一定的感性认识,从而比较自然地引入概率的概念,再进一步指出不可能事件、必然事件的概率以及随机事件的概率的取值范围。随后安排了"摸牌试验",让学生通过参与到试验中,了解频数、频率的概念,以及试验频率与概率之间的关系,以说明事件的概率一般是通过大数次的随机试验来确定,让学生进一步认识频率与概率之间的区别和联系、体会从特殊到一般的数学思维方法。

【学情分析】

学生已经学习了等可能事件,会计算等可能事件可能性大小,但尚未真正涉及概率的有关概念。因此,本节课内容是让学生对概率进行相对集中的学习,进一步获得一定的概率知识和形成初步的概率意识。由于学生的概念理解和记忆能力存在差异,对所学内容需反复巩固,因此要把概率与实际生活联系起来,且让学生参与到试验过程中,这样能调动学生学习积极性,在试验中探究事件发生的规律,领会概率的含义。

【教学目标】

1. 知道概率的概念,会用符号表示一个事件的概率;知道不可能事件和必然事件的概率以及随机事件的概率的取值范围。

2. 经历随机试验的活动过程,理解随机事件发生的频率,知道频率与概率之间的区别和联系;会根据大数次试验所得的频率估计事件的概率。

3. 经历大数次随机试验的计算机模拟活动,与数学家的真实研究活动对比,体验数学研究的艰辛,增强科学精神。

【教学重点与难点】

教学重点:知道频率与概率之间的区别和联系,会根据大数次试验所得频率估计事件的概率。

教学难点:频率与概率之间的区别和联系。

【教学过程】

一、情境与问题

问题1:"上海地区明天降水"是什么事件?

问题2：天气预报"上海地区明天降水概率80%"与"上海地区明天降水概率60%"，它们有什么共同点？有什么不同点呢？

【设计意图】

以学生熟悉的天气预报为例，回顾事件类型，说明用数值（百分比）表示可能性大小的含义，让学生体会将事件的可能性大小从定性描述转到定量刻画的必要性，为引出随机事件的概率做准备。

二、活动与思考

【活动1】认识概率

定义：用来表示某事件发生的可能性大小的数叫做这个事件的概率（probability）。规定用"0"作为不可能事件的概率；规定用"1"作为必然事件的概率。

1. 随机事件的概率是大于0且小于1的一个数，通常可以写成纯小数、小于1的百分数或真分数。

2. 用大写的英文字母表示事件，如事件A、事件B、……；事件A的概率记作$P(A)$。如果用V表示不可能事件，用U表示必然事件，那么，$P(V)=0$，$P(U)=1$。对于随机事件A，$0<P(A)<1$。

3. 必然事件、不可能事件和随机事件的概率的取值情况，用线段图表示如下：

```
很不可能发生                           很可能发生
事件的概率                             事件的概率
        0                                   1
   不可能事件的         随机事件的         必然事件的
      概率                概率              概率
```

【设计意图】

在学生有一定的感性认识的基础上引进"概率"的定义，再进一步指出不可能事件和必然事件的概率的取值范围，并让学生通过对随机事件与不可能事件和必然事件之间的联系与区别猜想随机事件概率的取值范围,教师根据学生的猜想引出对事件概率的符号表示,指出用大写字母 V、U 分别表示不可能事件和必然事件,而字母 A、B 等表示随机事件,总结随机事件概率的取值范围,并用线段图直观地说明各种事件概率的大致位置。

【活动2】频率与概率的区别和联系

问题:在一副扑克牌中取红桃、梅花、方块各一张牌混合放在一起,从中任意摸出一张牌,"恰好摸到红桃"的概率是多少?

1. 操作

(1) 小组内每人摸牌一次,看一看摸到的是哪种牌;

(2) 填表统计:

统计项目	红桃	梅花	方块
摸到某种花色的次数			
摸到某种花色的次数 / 总共摸牌的次数	——	——	——

2. 交流归纳

摸牌试验中,总共摸牌的次数称为"试验总次数",摸到红桃的次数称为这一事件发生的"频数",把频数与试验总次数的比值称为"恰好摸到红桃"这一事件发生的"频率"。

3. 自主阅读

阅读教材第127—128页,体会:概率揭示了随机事件发生的规律,而这种规律是通过大量的随机试验发现的,与确定性事件的规律不一样。

4. 交流梳理频率和概率的区别和联系

事件的概率是一个确定的常数;而频率是不确定的,与试验次数的多少有关。

用频率估计概率,得到的只是近似值。为了得到概率的可靠的估计值,试验的次数要足够多。

【设计意图】

此环节采用小组活动的形式,组织摸牌试验,让学生体验通过大数次试验估计随机事件的概率。在合作与交流中,学生可以先形成共识、发现争议,再由教师组织开展进一步讨论活动,让学生学会更好地倾听同伴的意见,更好地进行平等的交流。最后利用统计学家做过的抛硬币试验,让学生通过掷硬币的计算机程序模拟试验,进一步体会频率和概率之间的区别和联系,培养学生的团队合作经验,提高数学归纳、表达和应用能力。

三、应用与检测

【练习1】写出下列事件的概率(若是很可能发生的事件,填"接近1";若是小概率事件,填"接近0"):

(1) 用 A 表示"上海天天是晴天",则 $P(A)=$ _____;

(2) 用 B 表示"新买的圆珠笔写得出字",则 $P(B)=$ _____;

(3) 用 C 表示"班主任安排座位,小明的同桌和小明是同一天生日",则 $P(C)=$ _____;

(4) 用 D 表示"当 m 是正整数时,$2m$ 是偶数",则 $P(D)=$ _____;

(5) 用 E 表示"明天太阳从西边升起",则 $P(E)=$ _____;

(6) 用 F 表示"在大城市上下班高峰时段车辆拥堵",则 $P(F)=$ _____。

【练习2】全班同学一起做摸球试验,布袋里的球除了颜色,其他都一样,每次从布袋里摸出1个球,记下颜色后放回摇匀,一共摸了200次,其中131次摸出红球,69次摸出白球。如果布袋里有3个球,请你估计布袋里红球和白球的个数。

【练习3】一枚质地均匀的陆战棋棋子,各棱长的大小关系是 $a>b>c$,用 A、B、C 分别代表字母所在的面及其相对的一面。通过抛掷棋子的试验,比较 A、B、C 朝上各事件的概率的大小。

【设计意图】

在知道概率的相关概念的基础上,通过练习,让学生加深对各类事件的概率的取值范围的理解,进一步巩固用大数次试验的频率来估计某一事件的概率。通过实际问题,进一步体会事件可能性的大小。

四、作业与评价

(一) 知识梳理

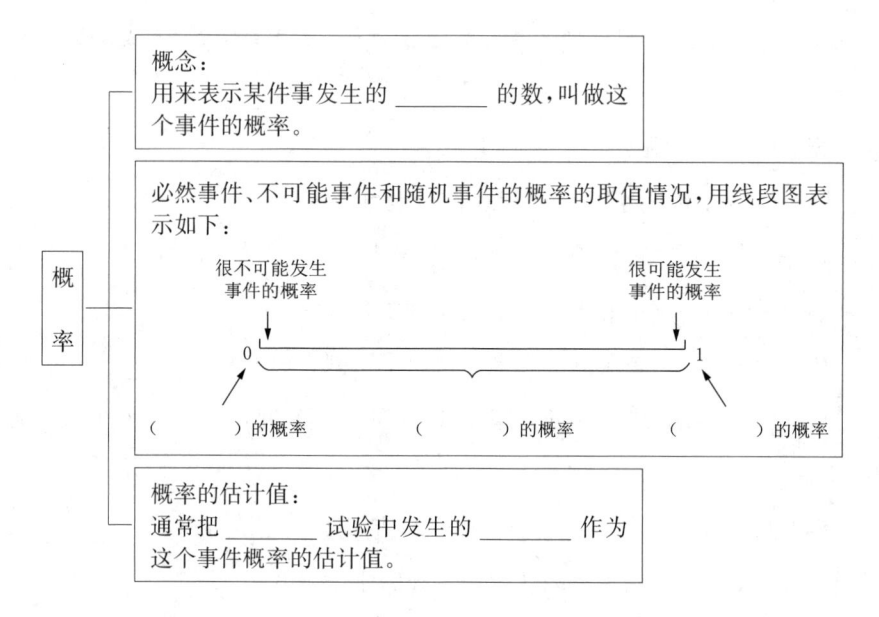

概率
- 概念:用来表示某件事发生的 _____ 的数,叫做这个事件的概率。
- 必然事件、不可能事件和随机事件的概率的取值情况,用线段图表示如下:

很不可能发生事件的概率 → 0 ...... 1 ← 很可能发生事件的概率

( ) 的概率   ( ) 的概率   ( ) 的概率

- 概率的估计值:通常把 _____ 试验中发生的 _____ 作为这个事件概率的估计值。

(二) 巩固检测

1. 写出下列事件的概率(若是很有可能发生的事件,填"接近 1";若是小概率事件,填"接近 0"):

   (1) 用 A 表示"下雨天出门遭雷击",则 $P(A)$ _____ ;

   (2) 用 B 表示"标准大气压下的水在 100 ℃ 时沸腾",则 $P(B)$ _____ ;

   (3) 用 C 表示"买了一张彩票,但是没有中奖",则 $P(C)$ _____ 。

2. 投掷一枚普通正方体骰子,则出现的点数为 7 的概率为 _____ 。

3. 投掷一个骰子,它落地时向上的点数大于 2 且小于 5 的概率是 _____ 。

4. 小王和小李两个人做摸粉笔试验：在盒子里摸粉笔，除了颜色，其他都一样，每次从盒子里摸出 1 支粉笔，记下颜色后放回摇匀，一共摸了 100 次，其中摸出红粉笔 24 次，摸出白粉笔 76 次，盒子里有 4 支粉笔，请你估计盒子里红粉笔和白粉笔的支数。

（三）思维拓展

相传古代有个国王非常阴险而多疑，一位正直的大臣得罪了国王，被判死刑。这个国家世代沿袭着一条奇特的法规：凡是死囚，在临刑前都要抽一次"生死签"（写着"生"和"死"的两张纸条），犯人当众抽签，若抽到"死"签，则立即处死；若抽到"生"签，则当场赦免。国王一心想处死大臣，于是他与几个心腹密谋，想出一条毒计：暗中让执行官把"生死签"上都写成了"死"。这位大臣在得知此消息后，镇定自若，在抽完生死签后，理所应当地被当庭释放了，你知道他是如何逃过这一劫的吗？

【设计意图】

作业是经过单元系统设计的，每节新授课后的笔记整理均是作业的组成部分。巩固检测则主要引用或改编自配套的练习册，旨在促进"教—学—评"的一致性。作业的最后安排了一道思维拓展题，供有需要的学生进一步提升思维能力。

杨辉三角与路径问题

【教材分析】

沪教版《九年义务教育课本·数学》八年级第二学期第二十三章"概率初步"单元共有 9 课时的教学内容。本节课是学生学习了本单元内容之后开展的一个探究活动。通过杨辉三角与路径问题的活动设计，抓住隐含在杨辉三角与分级等可能试验之间的关联，探索与发现分级等可能试验的概率计算与杨辉三角的系数之间的关系，帮助学生加深对等可能试验和随机事件概率等相关内容的理解，获得对杨辉三角中系数排列规律的认识；同时让学生在探究活动中经历"寻找规律—发现规律—应用规律"等过程,学会发现问题、提出问题、分析问题、解决问题,培养学生用概率的眼光观察世界,增强简单推理、分析判断的能力,感受数学思考的方法和数学学习的价值。

【学情分析】

学生在本章中学习了事件、概率的有关概念、概率计算的基本方法和概率知识的初步运用。八年级学生在数学思维上正逐步由确定思维向不确定思维转化,但对待概率的运用过程,往往只看成一种程序操作,尤其对比较复杂的分级等可能试验的概率计算,理解起来还有困难。

【教学目标】

1. 通过蚂蚁寻觅食物的路径问题,对分级等可能试验的概率计算与杨辉三角的系数之间的关系进行有序探究。

2. 经历"发现规律—归纳规律—解决问题"的过程,体会隐含在杨辉三角与分级等可能试验之间的关联,进一步理解等可能试验,并获得对杨辉三角中系数排列规律的认识。

3. 体验探索规律的一般方法,收获基本的活动经验,感受我国古代数学家的伟大成就,逐步养成从数学角度观察现实世界的意识和习惯,养成有条理的思维品质和用数学语言表达与交流的习惯。

【教学重点与难点】

教学重点:对分级等可能试验的概率计算与杨辉三角的系数之间的关系的探究。

教学难点:发现蚂蚁从最高点爬到各洞穴的路径数之间的规律。

第七章 "概率初步"教学设计案例

【教学过程】

一、情境与问题

如图1,一只蚂蚁在树枝上寻觅食物(不能回头),假定蚂蚁在每个岔路口都随机选择一条路径,它获得食物的概率是多少?

(1) 独立思考,解决问题;

(2) 如图2,此时蚂蚁获得食物的概率是多少?

(3) 回顾等可能试验的相关概念及其概率的计算方法。

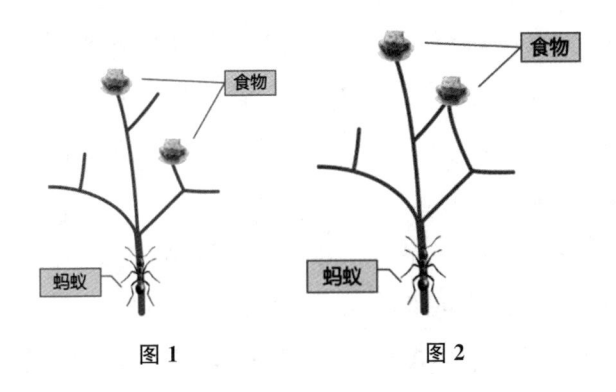

图1   图2

【设计意图】

本活动以"蚂蚁寻觅食物"为背景,引发学生探究其中有关概率的数学问题,培养学生会用概率的眼光观察现实世界的能力。在探究问题的过程中,进一步巩固落实本单元知识的学习内容和学习过程。

二、活动与思考

【活动1】探究蚂蚁从最高点爬到各洞穴的路径数

如图3,为了寻觅食物,一只蚂蚁从最高点出发往下爬(只能从上往下,不能回头),在任意一个洞穴沿哪一条路径往下爬的可能性都相同。最高点以下各横行顺次为第一层、第二层……探索:如果把蚂蚁喜欢的食物放在第四层从左边数起第三个洞穴中,蚂蚁从最高点往下爬,获得食物的概率是多少?

1. 分析解决问题的方法和遇到的困难。

问题1:通过上述活动,我们获得了哪些探究问题的经验?

图3

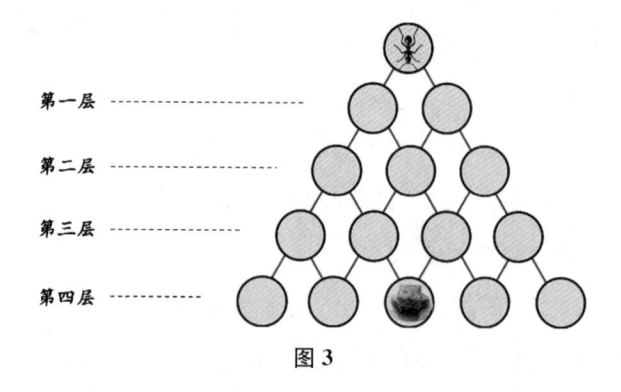

问题2：在解决这个问题的过程中，你遇到了什么困难？

2. 师生共同分析从最高点爬到第一层各洞穴的概率。

思考：(1) 从最高点爬到第一层各洞穴的路径分别有几条？

(2) 到第一层的总路径共有几条？

(3) 由此可知，从最高点爬到第一层各洞穴的概率是多少？

3. **合作探究**：从最高点爬到第二、三层各洞穴的概率。

4. **自主探究**：将蚂蚁喜欢的食物放在第四层从左边数起第三个洞穴中，蚂蚁从最高点往下爬，获得食物的概率是多少？

5. **继续探究**：如图4，如果将蚂蚁喜欢的食物放在第五层从左边数起第五个洞穴和第六层从左边数起第三个洞穴中，蚂蚁从最高点往下爬，爬到哪个洞穴获得食物的概率更大呢？

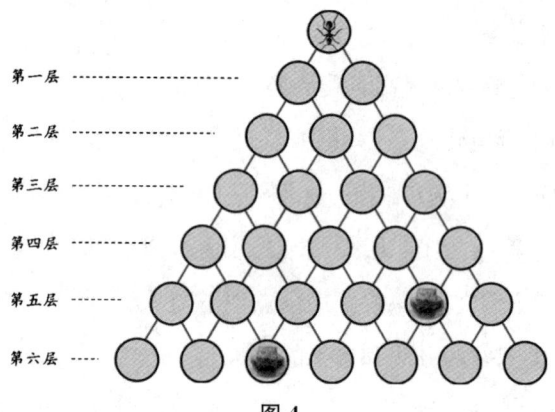

图4

6. 回顾探究过程,分享活动的感悟和收获。

【设计意图】

本活动继续以"蚂蚁寻觅食物"为背景,通过有层次地提出问题来引导学生从洞穴数少的特殊路径慢慢探究到洞穴数多的一般路径,充分发挥学生的探究能力,渗透从特殊到一般的探究方法,从而让学生发现蚂蚁从最高点爬到各洞穴路径数的排列规律,提升学生观察、分析问题的能力和数学表达能力。接着运用规律,解决问题,加深学生对等可能试验概率计算的理解,发展学生的数据观念,同时培养学生用概率的思维分析现实世界的能力。

【活动2】探究分级等可能试验的概率与杨辉三角的系数之间的关系

1. 观看视频,了解杨辉三角;

2. 思考:杨辉三角中系数排列规律与蚂蚁爬到各洞穴的路径数之间的关系。

【设计意图】

通过视频,简单介绍杨辉三角,进而揭示出分级等可能试验的概率计算与杨辉三角的系数之间的关系,让学生初步获得对杨辉三角中系数排列规律的认识,感受我国古代数学的悠久历史与重大成就,提升民族自豪感,增强文化自信,同时体会用联系与发展的眼光看问题的价值。

三、总结与反思

交流本节课的学习体会:

1. 本节课我们经历了哪些过程来探究问题?

2. 本节课运用了哪些曾经学过的知识?

3. 你有怎样的收获和体会?

4. 教师寄语:学会用概率思维思考现实世界,我们就能更进一步地了解这个世界;学会将复杂问题拆分探究,我们就能更容易地揭示问题本质,寻找内在规律。

【设计意图】

首先归纳本节课探究问题的步骤和方法,探究过程中所运用的数学知识,以及数学思想,让学生对本节课的主要内容进行整体性回顾;其次组织学生讨论本节课的体会、收获和遇到的困难,培养学生养成认真勤奋、合作交流的品质,并体验成功的乐趣。

四、作业与评价

进一步探究蚂蚁获得食物的概率:

1. 蚂蚁从最高点爬到第 n 层从左边数起第一、二个洞穴的概率是多少?

2. 进一步观察杨辉三角,你能发现杨辉三角中的数字还有哪些有趣的规律吗?感兴趣的同学可以课后查找相关专著或上网查阅相关资料,再与你的同伴一起交流吧。

【设计意图】

通过问题引发学生进一步探究活动1,增强对杨辉三角的兴趣,将课堂活动延伸到课后,达到检测、巩固与提升的目的,同时培养学生自主探究的精神、创新的意识、科学严谨的研究态度。

主要参考文献

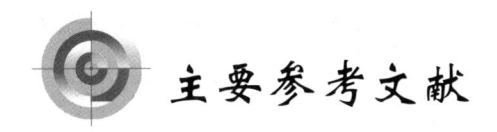

一、英文文献

1. Alonzo A C, Steedle J T. Developing and assessing a force and motion learning progression[J]. Science Education, 2009(3).

2. Alonzo A C, Gotwals A W. Learning progressions in science: current challenges and future directions[M]. Rotterdam, The Netherlands: Sense Publishers, 2012.

3. Bruner J S, Lufburrow R A. The process of education[M]. Cambridge, Massachusetts: Harvard University Press, 1960.

4. Disessa A A, Sherin B L. What changes in conceptual change?[J]. International Journal of Science Education, 1998(10).

5. Duschl R, Grandy R. Teaching scientific inquiry: recommendations for research and implementation[M]. Rotterdam: Sense Publishers, 2008.

6. Frederiksen N, Mislevy R J, Bejar I I. Test theory for a new generation of tests[M]. Hillsdale, NJ: Lawrence Erlbaum Associates, 1993.

7. Furtak E M, Heredia S C. Exploring the influence of learning progressions in two teacher communities[J]. Journal of Research in Science Teaching, 2014(8).

8. Gulliksen, H. Measurement of learning and mental abilities[J]. Psychometrika, 1961, 26(1).

9. Gunckel K, Covitt B, Salinas I, et al. A learning progression for water in socio-ecological systems[J]. Journal of Research in Science Teaching, 2012(7).

10. Harlen W. Principles and big ideas of science education[M]. Hatfield, UK: Association of Science Teachers, 2010.

11. Klette K. Trends in research on teaching and learning in schools: didactics meets classroom studies[J]. European Educational Research Journal, 2007(6).

12. Lijnse P, Klaassen K. Didactical structures as an outcome of research on teaching learning sequences[J]. International Journal of Science Education, 2004(26).

13. Mohan L, Chen J, Anderson C W. Developing a multi-year learning progression for carbon cycling in socio-ecological systems[J]. Journal of Research in Science Teaching, 2009(46).

14. National Research Council. A framework for K-12 science education: practice, crosscutting concepts, and core ideas[M]. Washington D. C.: The National Academies Press, 2012.

15. National Research Council. Taking science to school: learning and teaching science in grades K-8[M]. Washington D. C.: The National Academies Press, 2007.

16. Schneider R M, Plasman K. Science teacher learning progressions: a review of science teachers' pedagogical content knowledge development [J]. Review of Educational Research, 2011(4).

17. Sevian H, Talanquer V. Rethinking chemistry: a learning progression on chemical thinking[J]. Chemical Education Research and Practice, 2014(15).

18. Shin N, Jonassen D H, McGee S. Predictors of well-structured and ill-structured problem solving in an astronomy simulation[J]. Journal of Research in Science Teaching, 2003(1).

19. Shulman L S. Those who understand: knowledge growth in teaching[J]. Educational Researcher, 1986(2).

20. Simon M A. Reconstruction mathematics pedagogy from a constructivist perspective[J]. Journal for Research in Mathematics Education, 1995, 26(2).

21. Stevens S Y, Delgado C, Krajcik J S. Developing a hypothetical multi-dimensional learning progression for the nature of matter[J]. Journal of Research in Science Teaching, 2010(6).

22. Wilson M. Measuring progressions: assessment structures underlying a learning progression[J]. Journal of Research in Science Teaching, 2009 (6).

二、中文文献

1. 贝诺瓦·里多,等.数学的14个关键词[M].张琳敏,译.上海:上海科学技术文献出版社,2010.

2. 毕力格图.高中数学教师学科知识发展研究[D].长春:东北师范大学,2011.

3. 陈国华.APOS理论下初中数学核心概念及其教学策略探究:以"函数"概念为例[J].数学教学通讯,2017(7).

4. 格兰特·威金斯,杰伊·麦克泰格.追求理解的教学设计[M].闫寒冰,宋雪莲,赖平,译.上海:华东师范大学出版社,2017.

5. 郭玉英,姚建欣,张静.整合与发展:科学课程中概念体系的建构及其学习进阶[J].课程·教材·教法,2013(2).

6. 胡晓敏.以大概念为统领设计结构化单元教学[N].中国社会科学报,2023-02-03(4).

7. 胡玉华.基于核心概念建构的生物学新课程教学[J].中学生物学,2012(7).

8. 皇甫倩,常珊珊,王后雄.美国学习进阶的研究进展及启示[J].外国中小学教育,2015(8).

9. 柯志勇.小学数学核心素养的内涵综述与培养策略研究[J].亚太教育,2022(13).

10. 刘晟,刘恩山.学习进阶:关注学生认知发展和生活经验[J].教育学报,2012(2).

11. 吕立杰.大概念课程设计的内涵与实施[J].教育研究,2020,41(10).

12. 马云鹏.聚焦核心概念 落实核心素养:《义务教育数学课程标准(2022年版)》内容结构化分析[J].课程·教材·教法,2022,42(6).

13. 毛泽东选集:第3卷[M].北京:人民出版社,1991.

14. 牛宝安.基于核心素养下的高中数学概念教学研究[J].中学课程辅导,2023(6).

15. 欧阳景根.核心概念与概念体系的建构理论[J].华中师范大学学报(人文社会科学版),2006,45(3).

16. S. C.克林.元数学导论[M].莫绍揆,译.北京:科学出版社,1984.

17. 邵光华,章建跃.数学概念的分类、特征及其教学探讨[J].课程·教材·教法,2009(7).

18. 涂冬波,蔡艳,丁树良.认知诊断理论、方法与应用[M].北京:北京师范大学出版社,2012.

19. 王成营,陈佑清.试论符号意义获得能力及其培养:以数学教学为例[J].全球教育展望,2012(7).

20. 王磊,黄鸣春.科学教育的新兴研究领域:学习进阶研究[J].课程·

教材·教法,2014,34(1).

21. 王瑛.小学数学预习型微课设计探析[J].福建教育学院学报,2021(6).

22. 韦斯林,贾远娥.美国科学教育研究新动向及启示:以"学习进程"促进课程、教学与评价的一致性[J].课程·教材·教法,2010(10).

23. 温·哈伦.以大概念理念进行科学教育[M].韦钰,译.北京:科学普及出版社,2016.

24. 吴增生."3B"教育理念下的数学核心概念教学策略[J].中国数学教育,2011(1-2).

25. 伍海霞.基于核心素养的小学数学大单元教学策略探析[J].天津教育,2023(8).

26. 徐学容.指向学科核心概念的结构化教学[J].四川教育,2022(Z4).

27. 杨明媚.跨越盲区:重构小学数学单元整体设计[J].中国教育学刊,2022(5).

28. 于环赤.数学有核概念集的划分[J].课程·教材·教法,2017,37(7).

29. 张广祥,李文林.形式符号运算的认识论价值[J].数学教育学报,2007(4).

30. 张广祥,张奠宙.代数教学中的模式直观[J].数学教育学报,2006(1).

31. 张颖之,刘恩山.核心概念在理科教学中的地位和作用:从记忆事实向理解概念的转变[J].教育学报,2010,6(1).

32. 张增杰,刘范,赵淑文,等.5—15岁儿童掌握概率概念的实验研究:儿童认知发展研究(Ⅱ)[J].心理科学,1985(6).

33. 章建跃."中学数学核心概念、思想方法及其教学设计研究"课题简介[J].中学数学教学参考,2007(5).

34. 章建跃."中学数学核心概念、思想方法结构体系及教学设计研究与实践"中期研究报告(续一)[J].中学数学教学参考,2008(15).

35. 郑长龙.2017年版普通高中化学课程标准的重大变化及解析[J].化

学教育(中英文),2018(9).

36.周淑琪.新手教师和专家型教师评价素养研究:基于教师专业标准的比较[J].比较教育研究,2014(1).

37.祝登峰,曹世童.核心素养下高中数学概念课教学方法浅述[J].考试周刊,2022(45).

附 录

附录1 初中数学概念教学现状调查问卷(教师卷)

亲爱的老师:

您好!下面是关于初中数学概念教学现状的调查问卷。本次调查问卷不记名,仅作为教学研究的参考资料,希望得到您的配合,请在所选项前的方框中打"√"或在横线上填写,谢谢您的参与!

1. 您的教龄(单选题)

　　□ 0—5 年　　□ 6—10 年　　□ 11—20 年　　□ 20 年以上

2. 您认为数学概念的教学重要吗?(单选题)

　　□ A. 非常重要　□ B. 比较重要　□ C. 不太重要　□ D. 不重要

3. 您经常对自己的概念教学进行反思吗?(单选题)

　　□ A. 经常反思　□ B. 有时反思　□ C. 偶尔反思　□ D. 很少反思

4. 您经常使用创设情境的方式来导入新的数学概念吗?(单选题)

　　□ A. 经常使用　□ B. 有时使用　□ C. 偶尔使用　□ D. 很少使用

5. 您经常让学生亲身体验概念的形成过程吗?(单选题)

　　□ A. 经常这样　□ B. 有时这样　□ C. 偶尔这样　□ D. 很少这样

6. 您经常引导并帮助学生建立概念网络吗？（单选题）

　　□ A. 经常会　　□ B. 有时会　　□ C. 偶尔会　　□ D. 很少会

7. 在概念教学中，您会指出概念中的关键词并对其分析吗？（单选题）

　　□ A. 经常会　　□ B. 有时会　　□ C. 偶尔会　　□ D. 很少会

8. 在引入新概念时，您经常采用以下哪些方式？（多选题）

　　□ A. 情境激发　　　□ B. 旧知迁移　　　□ C. 直观操作

　　□ D. 生活实例　　　□ E. 直接导入　　　□ F. 小组探究

　　□ G. 其他_____

9. 您经常采用怎样的方式巩固强化学生对概念的理解？（多选题）

　　□ A. 通过例题讲解

　　□ B. 通过习题练习

　　□ C. 通过背诵定义

　　□ D. 建立不同概念之间的联系

　　□ E. 鼓励学生总结自己对概念的理解

10. 在您看来，数学概念课的教学困难主要是哪方面问题？（填空题）

_____

附录2　初中数学概念教学现状调查问卷(学生卷)

亲爱的同学：

你好！下面是关于初中数学概念教学现状的调查问卷。本次调查问卷不记名，仅作为教学研究的参考资料，希望得到你的配合，请在所选项前的方框中打"√"或在横线上填写，谢谢你的参与！

1. 你的性别（填空题）

_____

2. 你现在的年级（填空题）

_____

3. 你对初中数学概念学习感兴趣吗？（单选题）

□ A. 非常感兴趣　　　　□ B. 比较感兴趣

□ C. 不太感兴趣　　　　□ D. 不感兴趣

4. 你认为数学概念在数学学习中重要吗？（单选题）

□ A. 非常重要　□ B. 比较重要　□ C. 不太重要　□ D. 不重要

5. 你有过因为不懂数学概念而做不出数学题目的情况吗？（单选题）

□ A. 总是这样　□ B. 有时这样　□ C. 偶尔这样　□ D. 很少这样

6. 对于数学老师新教的概念,你可以当堂理解和接受吗?(单选题)

☐ A. 总是这样　　☐ B. 有时这样　　☐ C. 偶尔这样　　☐ D. 很少这样

7. 老师在课堂上会通过创设一些情境来引入概念吗?(单选题)

☐ A. 总是这样　　☐ B. 有时这样　　☐ C. 偶尔这样　　☐ D. 很少这样

8. 在数学概念学习中,你常把学过的概念与以前的知识联系在一起吗?(单选题)

☐ A. 总是这样　　☐ B. 有时这样　　☐ C. 偶尔这样　　☐ D. 很少这样

9. 你对数学概念的内涵来源及其提出的掌握程度如何?(单选题)

☐ A. 很好　　☐ B. 比较好　　☐ C. 一般　　☐ D. 不好

10. 你可以独立将相关的数学概念进行总结吗?(单选题)

☐ A. 很容易　　☐ B. 比较容易　　☐ C. 有些困难　　☐ D. 很困难

11. 你是否常用自己的语言来解释和概括新学的概念?(单选题)

☐ A. 总是这样　　☐ B. 有时这样　　☐ C. 偶尔这样　　☐ D. 很少这样

12. 你学完一个新概念后,常会出现下面哪种情况?(单选题)

☐ A. 能记住概念且会灵活运用

☐ B. 能记住概念,但不能灵活运用

☐ C. 概念记得不是很清楚,但会通过解题去理解

☐ D. 既记不住概念,也无法在解题中理解它

13. 你的老师对数学概念主要采用哪种讲解方式?(单选题)

□ A. 提供一些图像视频类或问题实践类资料进行详细讲解

□ B. 对定义进行简单阐述,并强调概念中的关键词

□ C. 直接给出定义

□ D. 其他_____

14. 在数学新授课上,你认为通过以下哪种方式能将知识点掌握得更好?(单选题)

□ A. 老师直接讲解知识点,学生将知识点背下来

□ B. 多做练习题

□ C. 了解知识点的来龙去脉,和同学们讨论

□ D. 其他_____

15. 在你看来,学习数学概念主要存在哪些问题?(多选题)

□ A. 难以记清楚概念

□ B. 对于概念的理解存在困难

□ C. 在解决应用问题时不会应用概念

□ D. 其他_____

后　记

"初中数学核心概念的学习进阶"这项研究历时三年,对我而言是一段充满挑战与收获的旅程。在此期间,我运用教学观察、文献分析、问卷调查、访谈等方法深入研究初中数学核心概念,并致力于探索更有效的评价方式和教学方法。《初中数学核心概念的学习进阶:评价与教学》这本书既是我这些年实践经验的总结,也是我对这一领域的深刻思考。

在撰写本书的过程中,我深切体会到了来自师长、同人和朋友们的无私支持与帮助。感谢刘达老师、胡军老师、吴卫国老师的悉心指导与耐心解答,让我在学术道路上少走了许多弯路。他们严谨的治学态度和深厚的学术造诣也深深地影响了我,使我更加坚定了自己的研究方向和目标。

同时,感谢陈琳老师、顾丰羽老师、鲁波乐老师给予的许多宝贵资源和建议,以及张洁老师、陈纯老师、张晶老师提供的教学案例,这些都为我能够更深入地探讨初中数学核心概念的评价与教学问题打下了坚实的基础。

最后,我要感谢上海社会科学院出版社整个团队的辛勤工作和专业精神,共同精心打磨细节,使本书更好地与读者见面。

这本书的完成,不仅是我个人学术生涯的一个里程碑,也是我对初中数学核心概念教学的一次全面梳理与总结。我希望这本书能够为广大师生提供有益的参考和启发,为初中数学教育的发展贡献一份力量。

图书在版编目(CIP)数据

初中数学核心概念的学习进阶：评价与教学 / 罗佳骏著 .— 上海：上海社会科学院出版社，2024
ISBN 978 - 7 - 5520 - 4385 - 3

Ⅰ．①初⋯　Ⅱ．①罗⋯　Ⅲ．①中学数学课—教学研究—初中　Ⅳ．①G633.602

中国国家版本馆 CIP 数据核字(2024)第 089761 号

初中数学核心概念的学习进阶：评价与教学

著　　者：罗佳骏
责任编辑：董汉玲　沈明霞
封面设计：黄婧昉
出版发行：上海社会科学院出版社
　　　　　上海顺昌路 622 号　邮编 200025
　　　　　电话总机 021 - 63315947　销售热线 021 - 53063735
　　　　　https://cbs.sass.org.cn　E-mail：sassp@sassp.cn
照　　排：南京理工出版信息技术有限公司
印　　刷：上海万卷印刷股份有限公司
开　　本：710 毫米×1010 毫米　1/16
印　　张：12.5
插　　页：2
字　　数：175 千
版　　次：2024 年 6 月第 1 版　2024 年 6 月第 1 次印刷

ISBN 978 - 7 - 5520 - 4385 - 3/G • 1318　　　　定价：78.00 元

版权所有　翻印必究